大魚讀品
BIG FISH BOOKS

让日常阅读成为砍向我们内心冰封大海的斧头。

你的孩子不是你的孩子

吴晓乐 著

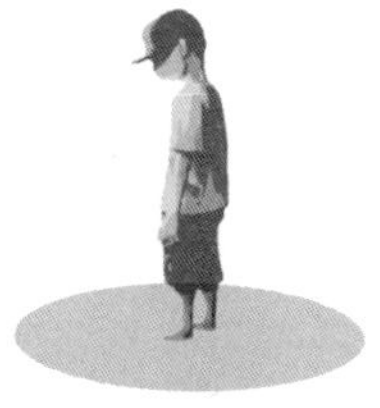

中国友谊出版公司

你们可以努力去模仿他们，却不能使他们来像你们，
因为生命是不倒行的，也不与『昨日』一同停留。
你们是弓，你们的孩子是从弦上发出的生命的箭矢。
那射者在无穷之中看定了目标，也用神力将你们引满，
使他的箭矢迅疾而遥远地射了出去。
让你们在射者手中的『弯曲』成为喜乐吧；
因为他爱那飞出的箭，也爱了那静止的弓。

——纪伯伦《先知·论孩子》（冰心 译）

你们的孩子，都不是你们的孩子，
乃是『生命』为自己所渴望的儿女。
他们是借你们而来，却不是从你们而来，
他们虽和你们同在，却不属于你们。
你们可以给他们以爱，却不可给他们以思想，
因为他们有自己的思想。
你们可以荫庇他们的身体，却不能荫庇他们的灵魂，
因为他们的灵魂，是住在『明日』的宅中，
那是你们在梦中也不能想见的。

他不是笨，也不是迟钝。他不过是个吓坏的孩子。

—— 第一个家《人子与猫的孩子》

她偷偷希冀着，父亲待会儿就会走过来，对她说一句：好女儿，你也辛苦了。

——第二个家《一脉不相承》

无论她去了一所很好的学校还是很糟糕的学校，都不会影响她的人生，她的人生已经定型了。她只是换了一个时空，发呆，放空，等下课，每个夜晚，陪着孤单的母亲，在不同的餐厅里品味精致的餐点。

——第三个家《必须多动》

穿上这制服，有一种无形的压力。

“不是读书的压力，是一种格格不入的压力。”

—— 第四个家《私的迷思》

这世界上最伤人的话是什么？

“其实当初生下你不是我的意思。”

——第五个家《他没有家了》

每一次，她看着纪小弟抱着球消失得不见人影，她坐在家里等待。时钟的指针无情地向前，她知道打球的儿子是最快乐的，但她不能确定，这样的快乐可以维持多久。

——第六个家《天赋》

他不是个习惯和他人分享心事的人，他找我倾诉，而我不过是他相处半年的家教——这表示他找不到更好的人选了。其他人都太靠近他的真实生活，我的距离够远，只能听，什么也不能做，这是他最需要的，一个聆听而不介入的角色。

——第七个家《衣柜中的小剧场》

妈妈笑吟吟地对他说："不要害怕，无论你长到多大，妈妈都会保护你的。"

听到这句话，他宛如在冬天被扔进游泳池，全身冰凉。

——第八个家《怪兽都聚在一起了》

和母亲将近第一百次的和解失败时，她决定宽恕自己，和解或许可行，但不是现在。

——第九个家《高才生的独白》

目 录

推荐序 走进故事屋

杨翠（台湾东华大学华文文学系副教授）

逐页阅读《你的孩子不是你的孩子》，好像闯进一座故事的城堡。作者的文字清畅灵动，我依循书页的节奏与动线，走进一间间故事小屋，见证了一则则生命文本。

晓乐有很好的说故事能力。每个故事的开场，以一句去脉络化的话语，铺设一条时空甬道，让主角现身引路，点燃故事的灵魂，营造悬念，开启想象，抢夺你的目光，让你不由自主想要继续看下去。

作者的叙事策略，不见张牙舞爪，也没有虚文矫情，淡描实说，却高潮迭起，每一则读来，都让我不禁鼻酸。这就是晓乐的文字魅力：简洁、素朴、精确、有韵味，场景调度灵活，画面感、戏剧性饱满，营造出鲜活的临场感。

然而，晓乐高明的说故事能力，以及文字美学的展演功夫，都不是这本书真正动人的原因。《你的孩子不是你的孩子》让我们感到震动，是因为她掌握了故事本身的节奏与脉动。或者说，是因为她曾深深走进这些孩子的生命之中，与他们一同呼吸、一同吞吐这个世界的浊恶空气。正因为紧紧贴靠过这些生命文本，所以她可以听见青春生命的幽微哭泣，它演绎着苦闷、伤痛、畏怯、愤怒、欢喜、欲望和绝望。

晓乐家庭教师的身份，以及她的自省性格，让她得以听见这些故事，见证故事主角的人生恶斗；也正是家庭教师的身份，让她找到了一个独特的观察与叙说位置。家庭教师与一般教学工作者不同，他们是一对一的，是目的明确的（孩子成绩提升、考试亮眼）；体制内的教育工作者，家长必须去讨好他们，但家庭教师不是，在家长心目中，你是我花钱请来的“契约劳工”，随时被评鉴，随时被检验，也可以随时被换掉。

从某个角度来说，多数家庭教师是以执行家长的意志为目标；然而，实际上，家庭教师比较像一个中介者，他必须在父母与孩子间寻求最好的平衡点，才能顺利完成家教的使命，让孩子保持最佳状态，也让自己能够维持工作。

然而，家庭教师又不仅是一个中介者；中介者可以游移，可以将自己客观化，也可以随时抽身离去，但家庭教师很难如此。家庭教师的工作场域，是别人的家庭，他必须进入一个私领域，才能扮演中介的角色。书中，晓乐发现自己早已成为一个陌生家庭的介入者，她不知不觉地介入他者的生活、亲情、冲突，甚至还介入他们的秘密与伤痛。她也经常徘徊于主动介入与否的矛盾中：眼镜仔一再遭受亲情暴力，她挣扎许久，终究不曾挺身而出，自责不已；纪小弟被母亲夺去理想中的人生，她挺身而出，却被冷冷地揭露“你是局外人”的尴尬处境。

一个自觉与自省的家庭教师，必然会陷入“局外人／局内人”的困境，她会不断自问，我是要参与其间，还是要保持距离？晓乐正是这样的家庭教师，她对每一个受苦的生命主体，都不只是进入与离去而已，她不断徘徊于观察者与介入者、批判者与自省者之间，她的灵魂，也因而黏附了受苦者的伤痕。最后，这些故事，全都渗透她自身的灵魂。也因为渗透自身，这些故事才能打动我们。

这本书中的每一则故事，都是一场生命的恶斗。故事中重叠着故事，不只是孩子的，不只是母亲或父亲的，走笔最后，作者现身，诉说自己与母亲的故事。然而，作者其实早已现身，早已穿梭在字字句句之间，嵌入每则故事场景之中，渗透到每个孩子的呼吸与换气间隙。

书中的每个孩子，无论他们在世俗认定中是成功或失败，他们的生命，都烙印着奋战过后的伤痕。人生本来就是一场战斗，他们的奋战对象却都是至亲，特别是母亲。

这些故事里的母亲，形象各异，却都是以爱为名的刽子手。眼镜仔的母亲把他照顾得很好，但成绩一旦不如她意，就狂乱施加暴力；陈小乖的母亲自私冷漠，将孩子视为生命的负担，不愿回应他对母爱的渴求；若娃的母亲紧迫盯人，爱的照顾成为无法抛弃的沉重负荷；巧艺的母亲疲惫苍老，只为拼着命让女儿念私校；茉莉的母亲强势严厉，总是对女儿下指导棋；纪小弟的母亲以自己规划的目标和节奏，逼迫他照章学习；汉伟的母亲保护过度，强势介入孩子的学习与生命场域；高才生的母亲以否定代替赞美，逼迫女儿更上层楼。

每位母亲都用力过度，为孩子规划人生棋局，检视他们的落子方位与下棋节奏，母亲的意志，嵌入孩子的每一颗棋子之中，让他们沉甸甸难以举棋。书中的孩子，因而都有着哀伤的灵魂。眼镜仔在暴力下总是畏怯，他像一个无声的游魂。陈小乖更是让人不舍，他聪明、有序、理性、求知欲高、学习能力强、很会打理自己，然而，所有这些，都只是他换取母爱的路径，是他以高度意志力勉力维持的恐怖平衡。因为母亲的冷漠与疏离，他的内心有一个秘密、一个破洞、一个随时会引爆的 X 档案。最后，企求不到母爱的眷顾，他终于选择放弃自身，他说："我没有家了，这就是事实。"

若娃与陈小乖相同，都是既伤痛又温柔的孩子。陈小乖以张狂武装自己，其实默默收纳痛感，温柔守望母亲；而若娃则认识到，认定女儿有"多动症"，照顾生病的女儿，是母亲唯一的生命意义。因此，她宁可伪装生病，配合演出，为了守护母亲的生命价值，"我不能没有 ADHD"。

汉伟的故事，更让我低回不已。故事妈妈、导护妈妈、爱心妈妈，是小学常见的校园风景，母亲在教学场域的热情投入，仿佛燃烧的星星，照亮了每个小朋友。然而，剧本并非经常如此。有个“好母亲”，确实曾让汉伟感到骄傲，但时间并不长，“好母亲”变成魔怪，介入他与同侪之间，母亲炽热的爱，让汉伟沾染难以闻问的气息，成为友情的绝缘体，被世界放逐，终而自我放逐，“随便你”“都可以”成了他的口头禅与人生注解。

这些母亲，甚至都不知何时丢失了自己的孩子。然而，晓乐并非意在建构“妖魔化”的母亲形象，她以一个介入者的温柔眼睛，穿透这些母亲的生命底蕴，悲悯她们身上来自父权家庭的长年未愈的伤痕，有的甚至还身处“伤痛进行时”之中。这些母亲，多数也曾经历各种轻视、疏忽、离弃、暴力、威迫，背负着这些伤痛，她们又被赋予看守孩子、教养孩子、决定孩子未来的所有责任。书中的许多母亲，总是担心着，如果没把孩子的成绩提高、选项变好、未来点亮，会让自己陷入被丈夫谴责、冷暴力、离弃的险境。

不曾被好好疼爱，所以也不知道如何去爱人。爱是一种能力，然而，爱的方式需要学习。有些爱，可以如练习曲，在一遍一遍的演练中，逐渐完备。然而，父母对孩子的爱，却不允许有练习，因为，至亲的爱虽然很牢固，但亲情的伤痛也很顽固，父母每一次错误的爱的试验，都可能给孩子烙下永恒的暗影，埋下随时会引爆的炸弹。

后记中的作者现身，让整本书萦回着更温暖的光色。有时我们会努力不够，有时我们会用力过度，但更多时候，我们可以放下姿态，寻求和解。就算绕过整个地球，亲情的微光，总还是会在密林幽深处，闪烁引路。你伤痕累累，但返乡不会无解。

自序 记得那些脸

吴晓乐

我们服膺一套教育方法，往往是因为这套方法教出了一个“成功”的小孩。坦白说，这样的想法其实很空洞，把小孩好的、坏的打包成一团，再归因于“父母的管教”，不仅忽略了其个人特质，也忘了把他所处的环境纳入考量。

一样的教育方法，可能打造出一个世俗眼中的成功模范，也可能将一个小孩的天赋摧残殆尽，只是后者的情形没人关心，我们不喜欢失败的例子，只想倾听教育神话。

这些话不是我想的，是我的挚友、其中一篇故事的主角说的。

写书过程中，她的话反复在我脑海里盘旋。

在你看完这些故事后，也许会问，这些过程有无夸大不实的色彩？

很遗憾的，答案是——没有。更多时候，我受到的诱惑是：

把那些发生过的事，写得更正向、明亮且温暖，不妨将那些伤害淡化、舒缓吧。朋友说得没错，失败的例子太不讨喜了。

可是，我不能这么做。我记得那些脸，我记得他们的表情以及他们对我说过的话。若是为了取悦谁，而低估了那些伤害的施加以及承受，那我就是作为目击者，在做出不实的证言。这样，我会对不起那些伤痕，因为没人记得它们。

借朋友的话来说，以下我写的九篇故事：

没有一篇是普罗大众乐见的教育神话；

没有一篇看了会感到喜悦；

没有一篇看了心中不会乱糟糟的，甚至觉得烦。

然而，这些事情确实发生过。

不仅确实发生过，极可能仍在发生……

*为了保护隐私，书中人名、绰号均为化名。

第 1 个家

人子与猫的孩子

他的反应，仿佛这场对话与他无关，他是局外人。

A frightened child

我很少想起眼镜仔。他是我的第三个学生，家住台北荣星花园附近。

说到眼镜仔，他整个人干干瘦瘦，捏不出几两肉，倒是戴了一副很笨重的眼镜。眼镜仔说，他近视已经七八百度了，医生曾恐吓他，再不控制一下，他长大后可能就要失明了。可是，眼镜仔控制不了，他每天都用眼过度。

随着年纪渐长，或许是出于对往事的怀恋，我常常想起最初的几个学生。

除了眼镜仔，对，就除了他。

这么多年过去，在回忆的长廊上，一一唱名我教过的学生时，我总忽略眼镜仔。想起他总是不愉快，甚至连“荣星花园”四个字，在记忆上也成了一种负担。

令我不愉快的，并非眼镜仔这孩子，相反我很喜欢他，但想起他，就无可避免地，必须同时面对在他背后，那些我无力处理的人事。

眼镜仔的妈妈，不妨称她小圆妈好了。她给人的印象就是圆滚滚的，脸圆手圆，身材也圆。初次见面，我就见识到她强势的作风。她语速很快，连珠炮似的朝我射来，说话时手腕的摆动幅度也非常大："老师，我跟你说，我这孩子就是笨，做什么事情就是慢，怎么教都教不会，之前的老师都放弃了。"她一抬眼，扳指一算，"你是他第十个还是第十一个家教。我跟他说，这次再没效，我就一个老师也不给他请了，放他自生自灭！"

我尚未接腔，她又急着开口："老师，我儿子如果不乖，或者题目写错，你就用力给他打下去，孩子有错，就是要教育，我不是那种小孩子被打就反应过度的妈妈。"

闻言，我知道不能再保持沉默了："但是，阿姨，我不打学生的。"

小圆妈的动作慢了下来，她从上到下，仔细打量我："我看你的资料，你才大学一年级，十八九岁对吧？你们这一代年轻人，听到体罚就皱眉，好像体罚是多残忍的一件事！"小圆妈哼了一声，嘴角扯出一抹冷笑，"会这样想，是因为你们欠缺教小孩的经验，以为轻声细语，爱的鼓励，小孩子就能乖乖向学，顺利进步了。事情绝对没有你们所想的这么简单，我提醒在先，你教过我儿子之后，我们再来讨论打不打小孩的问题。"

在小圆妈唇片翻动、口沫横飞的时候，我注意到一个诡异的景象——

从头到尾，眼镜仔只是静静地坐在一旁，弯腰驼背，近乎无声地呼吸着。他的四肢不长，又佝偻着身躯，整个人看起来更小了。他直盯着自家木桌上的纹理，始终没有抬起头来看我们一眼。

他的反应，仿佛这场对话与他无关，他是局外人。

结束与小圆妈的初步接触，我跟眼镜仔来到他的房间。

在我们打开试题本五分钟之后，他走入我内心最柔软的角落：我指出一个错误，那只是个非常细小、无关紧要的小瑕疵，他的反应却非常剧烈，肩膀很快地拱起来，背部连动地微弯成弓形，脸侧向与我相反的方向。

整个动作一气呵成，近乎条件反射。

我紧张地问："怎么了？"

"我以为你会打我。"

"我为什么要打你？"他的问题令我震惊不已。

"妈妈不是允许你了吗？"

"但我不也告诉过你妈妈，我不会打你吗？"

眼镜仔不置可否地抿了抿嘴，低头，右手捏着试题本，指甲陷了进去。

"妈妈跟之前的每一个家教建议，只要我犯错，就打下去；我再犯错，就再打下去。多打几次，我就会记得不要再犯相同的错了。"好像在说给自己听似的，他的声音越来越小，"不过……我好像真的很笨，被打这么多次，还是常犯一样的错。上一个家教是男的，打人很用力，我很怕他。他最后还是辞职了，他跟我妈抱怨：‘我打你儿子打得都累了。’”

眼镜仔似乎想到什么，抖了一下，又说下去：“那个家教走了之后，妈妈对我发飙很久，她说我很笨、很没用，没人愿意教我，害她必须一直找老师。”

他没再说话，把手放在膝盖上，上半身小小的。

“我不会打你，不管你错再多题。”

“真的吗？”他很淡漠，不怎么相信的样子，“之前有个女家教，好像跟你一样大，要么就比你大一点点，她也跟我说‘我不会打你’，但是到最后……她还是气到忍不住了。她说：‘你真的很笨，我没遇过像你这么不受教的学生。’老师，我跟你说，我妈是对的，我真的很笨，又迟缓。有一天，你也会受不了，想要打我的。”

他的头仍旧低垂着，我听见他的呼吸有些乱了。

我迟疑了一会儿，决定重申立场：“我是真的、真的不会打你。”

“为什么？”

“我也是接受体罚长大的学生。”

眼镜仔微微抬起头来，看了我一眼，视线又急忙转向桌上的橡皮擦。

“我初中念重点班，理化老师是个一天到晚嚷嚷着要退休的老头，他基本上不教书了，只立下一个规矩，八十分，少一分就打一下。我有个单元真的搞不懂，考了六十一分，被打得死去活来。之后，我狂写、狂算题目，基测[1]时理化一题也没错。”

“你好强。”

“不，一点也不。上了高中之后，我的理化很烂。我很困惑，想了一段时间才明白，在过去，我读书是怕被老头打，自己本身其实没有读理化的乐趣，等到升上高中，没人打我了，我反而不晓得怎么读书。又因为老头的关系，我很讨厌理化这一科，一点也不想碰。”

看眼镜仔似懂非懂的模样，我补充道：“用成绩来决定体罚，我觉得这是最不负责任的方法，当下或许呈现出不错的成果，但之后可能会制造出更多问题。”

他默默地听着，没有应声。

“所以，假设你考差了，我们就换个方法；你如果再考差了，我们就再换个方法。我不想打学生，打学生也代表我没有解决问题的诚意跟耐心。我想解决问题。”

“真的吗？”他看着我，我们的眼神有了交会。

我终于看清楚，他藏在厚厚镜片后面的眼睛其实又圆又亮。

*

在没有体罚的前提下，我得正视一个事实：眼镜仔教起来确

---

[1] 基测是台湾初中升高中的考试，类似于大陆的中考。——编者注（本书脚注如无特殊说明，皆为编者注）

实令人有些情绪。

一模一样的题型，也许前一分钟才耐心讲解完，他仍无法正确作答。更多时候，我已经极尽暗示之能事，只差没直接伸手指出答案了，他的思路却像是被谁猝然设了个路障，没办法再前进了。我又观察一阵，发现他对于“写下答案”这动作特别有心魔。

每一次，握着笔，就要写下答案了，他的眼睛开始骨碌碌地转，在空调恒温二十五摄氏度的室内，汗水大肆奔流。见他这么难过，我也跟着屏息，空气稀薄了起来，不由得抬手扇一扇。

也有几次，他的笔尖抵在纸面上，紧张不安的眼神频频向我送来。那眼神，像是在默读我心底的念头，也像是在预防我下一秒钟的动作。

经过几次心理的攻防，我忍不住开口了，请眼镜仔放过自己，也放过我。我告诉他：“你不用紧张，你写错了，大不了我重新讲一次，我不会打你。”

他吞了吞口水：“之前的老师都会盯着我看，一题一题跟，只要我写错了，他就马上拍我头，好几次，我的眼镜都被拍掉在桌子上。”

“是你先前提过的打你打得都累了的那个老师吗？”我在脑海里搜寻可疑人物。

“嗯。”眼镜仔维持平时的淡然，点了点头，“他是妈妈请的家教里面最贵的，补习班名师。他跟妈妈保证，没有他救不起来的学生，妈妈于是给他很高的时薪。一小时，好像是一千二百块吧，还常常加课，一个星期，可以上六小时。可是，我的成绩还是时好时坏，妈妈有时候受不了，会怪老师，老师跟着急起来，就一题一题地盯我，如果我写错，他会马上拍我头，或者拿热熔棒打我手心。”

“每一题？”

“对，那个老师坐得很近，这么近啊——”眼镜仔用手比画出距离，“他的视线会黏在我的考卷上，等我作答，只要我写错，完了，死定了。有一次，段考[1]前一天，他拿一张自己出的试卷给我做，我错的题超过一半，他非常、非常生气，铆起来打，拼命用热熔棒打我小腿，我很痛，可我不敢哭。”

“你妈妈知道那个老师打你打得这么凶吗？”

眼镜仔摇摇头。

“为什么不告诉你妈？那个老师叫你不能说吗？”

“不是。”

“那到底是为什么？”

“因为，”眼镜仔有点不自在，“老师打我，是我的错，我没有把题目做好。我跟妈妈说，妈妈只会更生气，搞不好也会打我一顿。”

我不禁怀疑：眼镜仔不是笨，也不是迟钝。

他不过是个吓坏的孩子。

---

[1] 台湾的学校会在一个学期内进行几次阶段性测试，称为段考。

平常讲解题目时，顺着题意一步一步进行拆解、推导，这过程他可以跟得很稳很好，此时进行口头提问，他也能答得很理想。然而，一旦面临把答案用铅笔誊上去的瞬间，他就像中了石化术，从头到脚僵硬起来。

过往的经验告诉他，一旦犯错，拳脚就会伸过来。所以，他在答题时，眼前仿佛有个看不见的关卡，他无法跨越这道关卡，反复质疑，踟蹰再三。一场四十五分钟的考试，他可能浪费了三十分钟，只为了跨过一道“我可能会写错”的关卡。

真要给眼镜仔下一个结论，我会说，这孩子最大的问题在于缺乏信心。

他不相信犯错是件很寻常、没什么大不了的事情。

因为，过去的几任老师不给他犯错的空间。

他一点也不迟钝，只是被套上了重重枷锁，是以走得较常人忐忑，较常人戒慎，最终不免给人一种笨拙、迟钝的印象。但他并没有外界所料想的蠢笨。

*

模拟考成绩下来那天，台北细雨斜织。我站在门外，还来不及收好雨伞，就听到一阵急遽的脚步声，由远及近，小圆妈三步并作两步下楼，门被打开，她脸色有些古怪。我一进屋，她便紧紧跟在后头，一开口就是抱怨：“唉，老师，我跟你说，这孩子真是没救了。我真想不通，我给他的读书环境这么好，为什么他就是没办法争气点？”

“考得很不理想吗？”

小圆妈说：“我跟他父亲给他估计的理想PR值是九十三，他只考了八十三，PR值只有八十三。老师，你告诉我，在台北市，这样的成绩，哪一所明星高中要他？”

眼镜仔的PR值为八十三，简单说来，他的分数高于参与该次测验的约83%的学生。照理说，是很亮眼的成绩。但是，台北市的竞争确实很激烈，一个细微的差错，能上的学校就会下跌一到两个名次。

“老师你看，我都给他请名校的家教了，他还给我考成这样。”小圆妈的话中多少有怪罪我的意思。我习以为常了，这份职业，领的是他人眼红的时薪，雇主自然有一套“教学质量检测”的标准，最典型的，莫过于定期举行的段考、模拟考。若学生考不出亮眼的成绩，家长最直白的心态莫过于：那我砸大钱请你来做什么？

一步一步爬上楼梯。客厅里，眼镜仔站着。更精准的说法是，罚站着。

走进客厅，小圆妈不忘先给我倒杯茶水，同时也给自己的茶杯注入新茶。稍事休息之后，她把眼镜仔的成绩单取来，开始一科接着一科质问。

“数学为什么错了六道题？上次你才错三道。”

“你不是告诉我，这次社会[1]比较简单，却错了快十题？你真的努力了吗？”

“还有英文，从幼儿园就给你补英文，没办法拼一次满分？”

眼镜仔支支吾吾，涨红了脸，不知从何辩解。

小圆妈越说越激动，一个箭步上前，扫了眼镜仔两个耳光，清脆的巴掌声回响在客厅之中，伴随着高八度的谩骂：“你怎么可以这么不成材啊！你爸的同事都在问你准备得怎么样，我哪好意思说，我的儿子在台北市可能找不到好学校念。”

两个巴掌，我和眼镜仔都吓坏了。

他抬起头来，朝我的方向看了一眼，眼神中有惊讶与屈辱。但他很快就恢复到习惯的处理方式：垂下眼，拳头紧握，把视线交给地面，一动也不动。

小圆妈的嘶吼一拨接着一拨，她将许多陈年往事一一掏出来，内容俨然是眼镜仔截至十四岁的失败史，包括幼儿园老师对眼镜仔不怎么样的评价、失常的小学入学考以及不上不下的小学毕业成绩……完全不顾我这个外人在场，她径自开展清算式的数落。她忘了叫我坐下，也可能是故意的，总之我形同被罚站，跟眼镜仔一起站着听，感觉像是听了一辈子那么久。结束时，偷瞄一眼时钟，才不过半小时。

小圆妈困倦地坐回沙发上，朝我们挥了挥手，说：“老师，

---

[1] 社会是台湾基测的考试科目之一，考试内容涵盖地理、历史、公民与社会三个领域。

你可以上课了。”

我不想上课，倒是非常想逃，脑海中闪过一百个逃离现场的借口，但又一一删除那些选项。我心明眼亮，假若我此时开溜，眼镜仔的处境将变得更为艰难。

一同经历暴风雨的洗礼，我与眼镜仔之间，不免萌发出一种近似革命情感的牵绊。我非常、非常想离开，但我不能离开。

我走了就是背叛。

我几乎是硬着头皮，踏进眼镜仔的房间。他拖着脚步，跟在我身后。

桌上，课本摊开了一半。

我们分别坐了下来，彼此面色尴尬、动作生硬，仿佛这是我们第一次上课。

泪水在他的眼眶里打转，没有掉下来。他撑得很勉强。不在我的面前掉泪，似乎是他仅存的用以维护自己尊严的手段了。

为了填补我们之间的空白，我开始动起嘴巴。不过，我的声音有气无力，在同一页转了十分钟有余，好像鬼打墙，怎么也走不出去。眼镜仔很细心，察觉到我的失落，他突然转过身，面向我：“对不起，老师，我让你失望了，我真是太笨了。”

眼镜后的双眼，涨得红通通的。

我只能避重就轻地告诉他：“你不笨，PR 八十三，你已经做得很好了。”

我拍拍他的肩膀，沮丧得再也说不出话来。

那堂课结束得很苦涩。我们气色委顿，像是一起打了败仗的士兵。

临走时，小圆妈已经睡下了，眼镜仔的父亲去大陆出差，家里没有其他人，眼镜仔亲自送我到大门口。我出了门，转身回头，见他怯怯地躲在铁门后，声音细如蚊蚋："老师，对不起，请你别生气，也不要辞职。下一次，我会考好一点。"

*

下回授课，出乎意料，眼镜仔的家里多了一篮幼猫。五只眼睛欲睁未睁的小猫在篮子里钻动，像是迎着光源，又像是躲着光源，发出细小的呜咽声。眼镜仔和小圆妈守在篮子旁，密切注意它们的一举一动。

"这些猫咪怎么来的啊？"我好奇地问。

小圆妈说："社区不知道哪个缺德鬼，不给猫结扎，让母猫生出一窝小猫。这也就算了，好歹这些猫才出生没多久，竟把这些猫仔随便用个破纸箱装着，扔在路边。这几天，幸亏附近养猫的人家接力喂食，小猫都活下来了。不过，昨天下大雨，纸箱淋湿了，又皱又烂，我接儿子回家，路过时，看见它们缩成一团，冷得喵喵叫，觉得很可怜，干脆全部捡回家照顾了。"

我心底一暖，这与我平素对她的印象出入不小。

门铃响起，她下楼应门，是邻居太太。

邻居太太拿个塑料袋，走了进来："这是我家咪咪之前吃剩的猫奶粉，我检查过，还没过期，应该够这些小猫撑个几餐。明天一早，我再去买一包。"

"谢谢，感激。不然我真不知道去哪里找这些。"

邻居太太蹲下来，细看那篮小猫："真夭寿，瘦成这样。"

小圆妈也一起蹲了下来："对啊，不知道最后能活几只。"

邻居太太简单讲解了一下喂食小猫的技巧，小圆妈听得非常专注，不时询问详情。

邻居太太赶着回去炒菜，待了一下就表示要离开。她走之后，小圆妈喂食幼猫的大业旋即开展。我看得出来，她非常紧张，屏气凝神、小心翼翼地把小家伙们一一捧在掌心。那些猫还很幼嫩，毛发又细又带点湿气。小圆妈以食指隔着棉巾，一点一点地微微按压，拭去小猫身上的水汽，过程中她的手指轻微地颤抖。

之后，她把小猫放在桌子上，两指轻轻撑住小猫的上半身，让小猫保持坐姿。奶嘴一就位，小猫的前肢就本能地扶上奶瓶，大口大口地喝，蓝绿色的眼珠散发出慵懒的柔光。在小圆妈温温的掌中，幼猫们吸食着温温的奶水，待小猫全数喂食完毕，小圆妈温柔地擦干它们的嘴角，轻手轻脚地放回她精心布置的窝，窝底下铺了电热毯，温度调整至三十摄氏度。

幼猫大部分时间都在睡觉，吃饱睡暖，五双眼睛一一合上。

眼镜仔和小圆妈歪着头，兴致高昂地注视着小猫，指指点点，有说有笑。

我退后一步，注视着小圆妈与眼镜仔，在这一刻，他们比任何时候都像一对母子。

猫的孩子不用读书，只需要好好地吃、安稳地睡。猫咪长大了，也没有人举办考试，给每一只猫测量PR值，检验它们的学习程度。所以，小圆妈可以这么温柔地疼爱一群和她没有血缘、不曾怀胎十月生下的小家伙。

*

教了三个月，虽然我跟眼镜仔的父亲不过打了几次照面，却也足够拼凑出这位父亲的轮廓。他在一家中型规模的传产公司[1]上班，从小职员做起，历经二十年的苦干实干，好不容易坐到总经理的位子。他习惯晚归，无论有没有加班、有没有应酬，最早也是九点到家。有一次他七点回到家，拿起一包鼓鼓的牛皮纸袋又匆匆出门，小圆妈注视着他的背影，眼中是深深的失落。

至于平常，一听到钥匙插入转动的声音，小圆妈就会像支火箭般从客厅冲出去，笑脸盈盈地站在玄关，给丈夫脱下外套，接

[1] 指包括工业、农业、第三产业在内的传统产业公司。

过他手上的公文包，柔声问：“吃饱了没？”“要不要给你放洗澡水？”

很可惜的是，伉俪情深的光景时效并不长，等到夫妻俩前后进入主卧室，氛围将大不相同。起初，只能偶尔捕捉到几缕窸窸窣窣、刻意压低的谈话声。不久，声音越来越大，即使隔着一堵墙壁，我和眼镜仔都听得清楚分明。

“你到底是怎么教小孩的，一个月跟我拿那么多钱，却连个儿子都搞不定？你知不知道，魏经理的女儿去年考上北一女，陈董的儿子今年也推甄[1]上清华大学[2]了，每次开会，谈到自己的儿子我就头痛，模拟考的PR值没一次过九十，在台北市区，能有什么好高中可以读？我跟你郑重警告，我不会让他去读那些没听过名字的学校。他没考好，干脆送他到美国。”

没隔几秒，小圆妈的尖叫传过来：“送到美国？一个儿子养到十五岁，只因为高中没考好，你就要把他送去美国？你有没有想过，这样我就得一个人在家了？”

“你可不可以不要这么情绪化，看清楚一点好不好？台湾现在的竞争很激烈，未来会更激烈，你儿子的资质又不比人强，不早一点送出去培养一些外语能力，培养一些国际观，你再这样盲目地宠下去，非得等到我们的独生子日后在职场上被别人

---

[1] 台湾的高中生考普通大学，必须先参加大学学科能力测验，之后可利用此成绩报名推荐甄选（简称推甄）申请入学，类似大陆的自主招生。

[2] 指位于新竹市的台湾清华大学，前身是北京的清华学堂。

狠狠比下去，你这做妈的才甘心吗？只怕到那时，你放手也来不及了。”

讲课的音量终究无法盖过夫妻激昂的龃龉，我看着眼镜仔，想从他脸上瞧出一点端倪。

他看着课本，语气轻缓镇定：“没关系，我早已习惯了。”

我没有多问，只是很难过，捏着他的肩膀，良久说不出话来。

“老师，我真的不介意啦，赶快来做下一题吧。”

*

大考的日子一步步逼近，经过几次模拟考，小圆妈的标准不是没有做过调整，PR 九十，PR 八十八，最终降到 PR 八十五，眼镜仔没有一次达标。小圆妈怒气冲冲，她说：“我都降低标准了，为什么你还是做不到？”

她在我面前“算账”的情景越来越常上演。呼巴掌，拧手臂，用脚踢踹，情况越演越烈。有一次，我们课上到一半，小圆妈冲进房间对着眼镜仔破口大骂，只因她打了个电话给老师，关心眼镜仔近日的上学情况，老师诚实答以“容易分心”四个大字。

每一次，我只能站在那里，眼睁睁地看着眼镜仔挨揍。有时候，事情很快就结束了，一记拍头，小圆妈就把他交给我了。有时候，伤害的过程会久一点，他会被拧耳朵，拧到他的脸涨成猪肝色，小圆妈才甘愿放手，饶过他。

每一次，我鼓起勇气，几乎要站出去护着眼镜仔，到最后，仍是选择却步与退缩。

我混淆了自己的身份。说到底，我只是个一周提供两次教育服务的家教，还是说，我有更大的责任，必须积极阻止这一切？更糟糕的想法是，我怀疑小圆妈是故意打给我看的，谁叫我拒绝体罚。她故意挑在上课前，声嘶力竭地呼喊，动手动脚地演给我看，暗示我："看啊，你也没有多会教嘛。"

小圆妈是家庭主妇，又不喜外出，也不热衷社交，她能说心事的伙伴就那么两三个。她的存在价值，是肯定，还是否定，主要交由丈夫来决定。然而丈夫给的期望太沉重，她一个人难以承受，只得分流给眼镜仔，分流给我这个一周不过出现五小时的外人。每周时间一到，我无可回避地必须出现在这个家，她看到我，明白自己满涨的情绪将得到出口。

我、眼镜仔、小圆妈，我们三人不知不觉地掉进一条食物链，吊诡的是，位居食物链最上端的眼镜仔的父亲，一个星期拨给眼镜仔的时间，可能没有几小时。

*

有一天，小圆妈不打了。

她掩着脸，哭倒在沙发上："你不认真念书，你爸爸都不想回家了。他说，你是扶不起的阿斗，让他很失望，看到你就心烦。怎么办？爸爸不想回家了。”

眼镜仔不吭一声，走了过去，坐在母亲身边。

母子俩哭成一团。笼子内的小猫，被送走了三只，剩下两只，轻轻地喵喵叫。

我旁观着，心底清楚这一切的荒谬，这样温馨的光景没有太长的寿命，小圆妈会再度对眼镜仔动粗的，时间早晚而已。只要眼镜仔的父亲执着于儿子的成就，只要小圆妈持续把丈夫放在人生的第一顺位。她今天只是累了，明天会重振士气来鞭策眼镜仔的。

我辞职了。简言之，我背弃了与眼镜仔的诺言。

我再也忍受不了了。有多少个夜晚，我走过荣星花园，来到眼镜仔的家，心中布满灰色悲观的想法。按下门铃的那一刻，我的心又惶恐又颤抖，迎在前方的，又会是怎样的景象？

我无疑是以一种夹着尾巴的狼狈姿态，落荒而逃。

这也是我极少想起眼镜仔的原因。一想起就感到刺痛，想起他厚重镜框下那怯生生的眼神，想起他曾经给予的信赖，想起他挨揍后，反过来安慰我的敦厚。在我离开之后，小圆妈是否打得更凶了？她是否对儿子更绝望了？她能明白我辞职的理由吗？

最后，我很怕去想象的是，眼镜仔还在台湾吗？他是否已被送去一个全然陌生的国度？

*

眼镜仔住在透天厝[1]里，含顶楼共四层，他的书房和卧房是分开的，以住在台北市的小孩而言，他拥有很奢侈的生活空间。他上下学由小圆妈开名车接送，用很好的手机，书包是那种有伸缩把手的昂贵款式。他很难找到一套衣物、一双鞋子不是从百货公司买来的。

眼镜仔的父亲拥有良好的社会地位和经济条件，善于社交辞令，熟知商场进退的规矩，穿着要价不菲的手工西装和定制皮鞋。他只有眼镜仔这一个儿子，只要对眼镜仔的未来有助益，任何名目他都愿意投资。小圆妈外表雍容优雅，在外人面前说话轻声细语，她花很多时间栽培眼镜仔，定期通过电话和老师交流儿子近况，老师曾夸小圆妈是个十分尽责的好母亲。

眼镜仔每天的早餐必定有一瓶鸡精[2]和一只鸡蛋，吃完早餐后，小圆妈会递给他维生素、鱼油和钙片等，待他吃下了，她才安心带他去上课。

任何人见了，都会说眼镜仔的命很好，生活在很幸福的环境中。

他的父母好爱他，而他们的爱很正常。

---

[1] 通常指层数在两层以上、门户独立、产权独立、内部楼层可互通的独院住宅。

[2] 以台湾传统工艺熬制，萃取整只鸡的营养精华的滋补品。在台湾流行。

第 2 个家
一脉不相承

她偷偷希冀着，父亲待会儿就会走过来，对她说一句：好女儿，你也辛苦了。

Like mother like daughter

茉莉很小的时候就知道，母亲明玉的心是核桃。

如何在没有工具的前提下，取出核果，又维持核果的无伤呢？这是很大的智慧。

自小，茉莉一家就是村内瞩目的焦点。茉莉的父亲敏雄继承祖业，专营南北货，事业规模不小，地方上的人看见他，大都清楚他的身份来头。事业臻至高峰时，敏雄娶了一位来自台北的大小姐——明玉。婚后明玉给敏雄生了一对儿女，男的叫柏宥，女的叫茉莉，兄妹俩都遗传了明玉好看的脸蛋，五官精致、肤色白皙。

来自台北的明玉，对儿女的期待也有些不同。

兄妹俩不过五六岁，明玉即在他们耳边慎重表明："虽然我们住在台南，但是等到你们十五岁，哥哥要去台北考建中，妹妹去考北一女。兄妹俩一个穿卡其色的制服，一个穿绿色的制服，若是如此，做母亲的也就没有遗憾了。"

明玉说这些话时，有一种妖魅的氛围，像是在撒娇，也像是在许愿。她的眼神晶亮，小茉莉可以看见母亲眼中的小火焰，烧出熠熠的明暖。那时，小茉莉还不懂“北一女”这三个字，但已能辨识绿色，她猜北一女与绿色之间，笃定有什么魔法或者宿命般的联系。为了母亲，为了留住明玉眼中那道光的神采，她必须得到那颜色，那绿。

小茉莉上初中时，明玉定了成绩标准——九十分。少一分，打一下。考卷发下当日，就是论定赏罚的日子。像是世界上大部分的标准一样，这标准也不乏弹性，明玉心情好的时候，八十五分也能睁一只眼，闭一只眼。相反地，倘若不巧那天她心里有事，八十九分还是会被骂得狗血淋头。

柏宥的标准是八十分。

“为什么哥哥的标准比我低？”小茉莉如此问过。

“因为你是女生。”怕女儿不懂，明玉又加重语气，“记住这个道理，在这世上，女生表现九十分，跟男生表现八十分，在外人眼中是差不多的。更要紧的是，即使你可以表现出九十分，放在心底就好，在男人面前不要太骄傲。一旦你太强硬，压过男人的锋芒，就是自己把日子搞得很难过。”明玉的一席话，仿佛是药，更像是毒，注入茉莉的血液里，在她睡下的夜晚，绕着她周身奔流。

有一回，小茉莉数学不及格，考完她已经觉得不妙，等到考卷发下来时她更是吓得手脚发软。该死的是，那回考试失手的人不多，老师不给加分，无疑是给小茉莉判了死刑。回到家，她脸色发白，明玉跟她讨考卷，她颤抖着从书包里摸出那张纸呈给明玉。明玉见了，眉头一抬，一句话也没说，抄起电视柜旁的藤棍，一阵猛打。

小茉莉很早就懂得，疼痛是一种自己必须学会与之共处的事物。明玉打到十来下时，她已经不那么痛了。她两手撑地，跪在地上，背蜷得像虾米。她在等待，等待明玉打得手酸。茉莉不是第一天认识自己的母亲，明玉一旦拿起棍子，就很难放下，除非累了。

汗水滑进她的眼睛，她恍惚之间想起一件事，柏宥也考过一次五十八分，明玉只是念了两句，摸摸他的头催他快吃饭，吃完饭赶紧念书。她心里不由得酸酸的，掉下眼泪，跟汗水和在一起。

*

一天，远方来了一个人。

封实多年的核桃，微微地裂了缝。

那天是茉莉父母很得意的日子。柏宥考上了阳明山那所医科大学，茉莉考上了北一女。茉莉的父亲大手笔地办了二十几桌席，但凡常来茉莉家走动、泡茶聊天的，见者有份。整个场子，敏雄净是“柏宥”“柏宥”地喊，一下子说“柏宥快点来这儿看这位阿姨”，一下子又是“柏宥快来见这位议员叔叔”。茉莉考上北一女的喜悦，完全给柏宥考上医科大学的光环遮盖住了。

茉莉把眼前所有人事收入眼底，偷偷希冀着，父亲待会儿就会走过来，对她说一句：好女儿，你也辛苦了。只要父亲一句话，她就可以忘记过去七八年间，她拒绝的那些游玩邀请、被明玉没收的课外读物、被关在家里的寒暑假——当然，也包括她这七八年挨过的棍子。

只要父亲一句话，她的伤口会好的。

好不容易，熙来攘往中，父女的眼神对上了，聚光灯降临，茉莉屏住呼吸，最佳女主角的梦幻时刻，她已经背诵好台词，“不会的，爸爸，读书一点也不辛苦”，脸上要挂着轻盈的微笑，语气务必温柔婉转。然后，父亲会说：“你真是个懂事的女儿。”

敏雄咧开嘴，对茉莉笑开一嘴黄牙：“茉莉，你快去妈妈的梳妆台上，把哥哥的成绩单拿来。邓叔叔来了，说不信有人的数学可以拿这么高分，他要眼见为实，我偏要叫他心服口服！”

像是有谁在胸口撒了盐，茉莉的心房心室瞬间萎缩了。

她吸了吸鼻子，上二楼，进房拿了成绩单要往回走，在楼梯转角撞到一个瘦瘦的人影。尽管楼梯光线不足，但是不影响香味的传递，茉莉闻到淡淡的香气，犹豫地唤了一声：“小阿姨？”记忆中，只有小阿姨有洒香水的雅兴。人影出了声：“茉莉，我找你找好久了。”

果然是小阿姨。

小阿姨是家族里的传奇，众人说起她总有点顾忌。传说她年轻时谈了一场刻骨铭心的恋爱，两人交往五六年，男方却娶了小阿姨最好的朋友。小阿姨没有说过男方一句坏话，只是她也没有结婚，在台湾的日商公司做了几年行政工作，存了一些钱，最终跑到日本长住，接一些翻译的工作，也出过几本居家整理的书，日子过得恬定优雅。

“小阿姨，你在找我啊？”茉莉有些受宠若惊。

“对啊，在楼下没看到你，你爸说你在二楼，我就亲自来看看啦。”小阿姨笑着祝贺，“茉莉，恭喜你啊，北一女不简单，这可是你妈妈的梦想。”

“啊？”茉莉困惑地抬起脸。

“你不知道？”小阿姨说，“你母亲从小到大都很会念书哟，初中读北二女，高中想考北一女，可惜失常了，分数让我爸，也就是你外公很失望。你母亲想重考，你外公不答应，说女生没有挑选的资格，没人把钱花在栽培女儿读书上。你外公给两条路走，看你妈要认命一点去念其他学校，还是趁年轻早点嫁人。你母亲也有些赌气吧，看一眼你爸的照片就点头了。幸好敏雄是个好人，算疼你妈，否则我也不知道事情会如何发展下去……”小阿姨迟疑了一下，偏着头，语气有些斟酌，“你母亲嘴里没说，但我猜她心底很怨吧，你外公太重男轻女了。”

越听到后头，茉莉的嘴巴张得越大。像是在未受到邀请的情况下，无意间踏入一座私人花园。花园和墙外的风景截然不同，里头有外人不知晓的枯荣。茉莉终于懂了绿的真实意义，懂了母亲每一次朝她大腿抽打的狠劲。茉莉也想起舅舅，那个让外公、外婆头疼得要命的儿子，大学重考三次才考上，快六年才毕业，堪比念医学系。毕业后，成天游手好闲，外婆看不过去，只好盘下一间杂货店让他做老板。

明玉很少在柏宥和茉莉面前提到自己唯一的弟弟。

不，明玉也很少提起自己婚前的情景。

茉莉翻遍了脑海，这才发现，自己对于母亲婚前种种一无所知。

明玉怎么不说呢？在成为母亲之前，她一定也有好多故事。

“倒是给我捡到了好运，哥哥不长进，你外公没理由拒绝我念大学了。”小阿姨轻松地笑了笑，下一秒，她敛起笑容，眉心皱起，“茉莉啊，不要怪你母亲对你们兄妹俩这般严苛，这是你母亲心底的死结，她自己也不好过。”

茉莉看着小阿姨，心中思索着这段话。

小阿姨见茉莉没有答话，上前握住她的手，细声叮咛：“茉莉，到台北要小心身体。该花的地方不要省，书好好念，该玩的时候也不要辜负。我差不多要离开了，先下去找你母亲说话。”

她放开茉莉的手，转过身，往楼梯下了几步，又回过身，指指楼下灯火明亮处，要茉莉一起看。从她们的角度看下去，正好看见明玉搂着柏宥，和几位太太嬉笑着。明玉脸上的笑意是如此真挚。茉莉记忆中，母亲从没这样笑过，笑得如此好看大方。

茉莉站在阶梯上，心底难过，不想再往前。小阿姨没等她，自己下楼去了。

等小阿姨走远了，茉莉这才注意到自己口袋鼓鼓的。她伸手进口袋里一抓，是一个卷起来的红包，准是小阿姨刚刚塞进去的。

水汽浮上眼帘，茉莉再度吸了吸鼻子，装作没事地下楼，把柏宥的成绩单交给敏雄。

*

又三年，茉莉考进了台湾最好的大学。入学后，茉莉的成绩始终拔尖。刚升大四，一位张教授相中她，邀请她前往他的研究室，加入他的科研项目。茉莉是整间研究室里最年轻的面孔。

之后她考上研究所，张教授自然成了她的指导教授。张教授十分器重她，常夸她学习能力强、反应速度快，是他诸多重要研究的左右手。

茉莉的硕士论文写到七八成时，张教授把她叫去办公室，说有要事商量。

她手麻脚麻、诚惶诚恐地走进办公室，不晓得他有何打算。

张教授看到茉莉，心情显然不错，他双手交握，倒在舒适的沙发椅上："我看你的论文进行得差不多了，剩下的都是一些增删修改的小事。茉莉，你将来有什么打算？有没有考虑去美国念博士？”

“美国念博士？”

张教授打开了一扇大门，里头是茉莉从未想过的世界。

“对啊，你跟在我身边也有两三年了，我看得出来，你的性格很沉稳，思考也很快，研究室其他学长、学姐都慢你几拍。你想的话，我可以帮你写推荐函。Y大学的教授是我的换帖兄弟，我们从高中认识到现在，只要我写一封信，这事至少就成功了一半。茉莉，你考虑一下，不用操心钱的事，美国学校多半提供奖学金，以你的能力，没问题的。”

跟张教授告别后，茉莉旋即买了张车票回台南老家。

敏雄没意见。明玉反对得很激烈：“不行，你千万不可以再往上读了。”

“为什么？我读硕士时，妈不是也很开心吗？”

“不是的。唉，你这孩子，怎么就是不懂呢？”

“那是怕美国学费太贵吗？张教授说，可以申请奖学金，下下之策就是去接点零工，妈，在美国生活，没想象中那样困难。”

再过几个月，柏宥就要结婚了，近日敏雄跟明玉为了儿子买新房、开诊所事宜，在几家银行之间忙得跟陀螺似的，茉莉只好往钱的方向去猜。

“真是钱的问题，就好处理了。唉……”明玉长吁一声，埋怨地瞅了茉莉一眼，“你还搞不清楚吗？你现在二十四岁了，再念上去，等你拿到博士，都快三十了。”

“三十又怎么了？”

明玉不耐地啐了一声：“你是在跟我装傻吗？谁要娶一个三十岁的女博士？”

茉莉一愣。

明玉拍拍她的肩膀，晓以大义道：“你赶紧把论文做个结束，快些回台南。我在帮你打听对象了，很不错的人选，台大医科的，大你八岁，在台北荣民总医院给人看病，听说看病很有耐心，病人都很喜欢他。这件事不能再拖了，人家父母很着急。我看过对方的照片了，头小小的，眼睛也小小的，鼻子还有点塌，但感觉是个顾家的老实人。”

在回台北的车上，半睡半醒之间，茉莉想起小阿姨，想起母亲的心结。

想得很深之后，她睡着了。

*

明玉口中的老实人，叫作永信。跟永信约会过几次后，茉莉很是气馁，与其说永信是个好脾气的人，不如说他很冷感。每回茉莉问：吃什么？今晚去哪儿？你喜欢我这件连衣裙的花色吗？永信一贯的回答是：都好。可以。还不错。

几次往返，茉莉觉得很累，不问了。

之后，只要跟永信出门，她便训练自己成为一个寡言的女人。

唯独在生物科学面前，茉莉才感受到永信的温度。永信订阅了很多自然期刊，他掩卷微笑的满足神情令茉莉印象深刻，甚至怀疑他对于其他生物的热情远胜过对人的。

茉莉曾向母亲表达对于嫁给永信的迟疑，明玉却一一反驳说，永信这样的表现最好，如此质朴静默的男子，婚后绝不会到处拈花惹草。

怕茉莉不甘心，明玉再补充道，永信的父母长居温哥华，茉莉嫁过去没有婆媳问题的苦恼。

茉莉于是嫁了。她不爱永信，但永信会是个好丈夫。

出嫁那天，明玉没有掉下一滴泪，她看着永信，满意地笑了又笑。

茉莉看着母亲，也没有掉泪。

婚后，茉莉搬去永信台北的公寓，没有出去工作。

明玉警告她："别再想什么工作赚钱的事，都嫁给医生了，还差你这一份薪水吗？永信年纪大了，你当前的任务就是安分地给他生一个孩子。"

茉莉确实不缺钱。永信每个月的薪水，扣掉汇给双亲的孝亲费和自己的基本开销，其余全数交给她，也从不过问她打理金钱的方式，相同地，他也不过问她成天在家的作息，只要他下班时冰箱里有吃食即可。单就此点，明玉当初的推论没有错，永信对妻子缺乏热情，往好的方面想，他可以给予妻子很大的空间。

茉莉于是开始了她人生中最缓慢的时光。

每天，她睡到日上三竿才起床，跳过早餐，炒碗饭打颗蛋权充午餐。看看预录的影视剧，漫不经心地打扫、拍灰尘。待日照偏移，不那么晒的时候，她便踩着包子鞋，懒懒地前去百货公司地下一楼的超市买菜。去时搭公交车，回程亦然——即使手上提着两大包肉品和蔬菜。

她会开车，但她不要，搭公交车也不是为了环保或省钱，她的时间太多了，需要一个效率不高的移动方式来延长整段购物时间。

公交车摇摇晃晃，令她想起研究室的奔忙，那时老觉得时间好少不够用。

下车，硬币哗啦啦掉入投币箱，她才醒来，提醒自己，如今是医生的妻子了。

缓慢时光在婆婆滑了一跤后画上句点。

卖场员工拖好地，忘记放上告示牌，婆婆滑了一跤，伤到了脊椎。卖场经营者很有诚意，婆婆得到了一笔优厚的赔偿。照理说，请个看护帮忙照看两三个月，事情就可以圆满落幕了。但永信不放心，要茉莉飞去加拿大亲自看看。

茉莉很别扭，和婆婆相处不满二十四小时，就得协助她盥洗，等她如厕完给她提裤子。由于婆婆行动不便，二老又吃惯了中式料理，茉莉得早起挑鱼选肉，想菜单花色。

夜晚，茉莉懊恼得睡不着，偷偷地倒数归程。没料着，婆婆病愈了，自己却验出怀孕两个月。公婆很开心，叫她想办法留在加拿大待产，好让小孩拿身份。

永信也很乐见这个安排，要茉莉听公婆的话。

茉莉在加拿大生下一个女儿。初见婴儿，皱巴巴的，一团紫紫的肉，看起来一点也不可爱，还有些吓人。护士抱走婴儿，不知是怎么给她洗的，抱回来时，一身柔嫩薄透的肌肤，瞬间变成可爱的娃娃。抱着女儿的那一刻，茉莉哭了，觉得好神奇。

可惜永信不在场。他说医院很忙，叫茉莉自己带女儿回台湾。

*

女儿小叶是个很奇特的婴儿，很少哭闹，醒来的时候，静静地躺在自己的婴儿床上，脸抬得高高的，看着天花板。婆婆对于这样安静的婴儿感到不安，直说永信出生时，爱哭闹又好动，要茉莉带女儿去检查。茉莉带去给医生看，医生反笑她多心。

茉莉索性嗯嗯啊啊地回应婆婆的一切问题。婆婆不甘示弱，很快地发展出新的招数，三餐叮咛茉莉："你回台湾后，要赶紧给永信添一个儿子。叶家一脉单传，永信他爸是独子，永信自己也是独子，叶家的香火不能就这样断了……"

小叶两个月大的时候，茉莉抱着她跳上飞机，逃回台湾。

在机场，永信与女儿初次见面，他接过小叶，上下端详了一会儿，又平静地交给茉莉，转身往停车位走去。茉莉有些失落，她安慰自己，永信还需要一点时间。

小叶大了一点，母亲跟婆婆不时打电话来，追问小叶的成长进度，还不忘下指导棋。

“宝宝会坐着了吗？”

“她开口说话了吗？她第一句话说什么？”

“你不可以偷偷退奶哦，宝宝喝母乳，长大才会聪明。”

“你有没有打碎小鱼干喂她吃，或者鱼油？吃鱼的小孩念书比较行。”

这两位母亲的共通点是，她们都教出了一位医生儿子，对于自己的育儿方法有种常人无法理解的自信，非要茉莉遵照她们的指示不可；至于她们理念不同之处，便成了战场，茉莉被困在中间，成了夹心饼干。不知道从什么时候起，茉莉习惯在深夜躲进厕所哭，她咬自己的手以抑制哭声。她不能吵醒小叶和永信。

哭得头晕眼花时，研究室的情景反而变得很清晰，那个空间有一种稳定的逻辑和秩序，她在其中可以找到归属感，可以确定自己是一分子。可是当前的生活令她挫败，她无法归纳出另一种逻辑与秩序。在女儿、媳妇与母亲的角色之中，她不知道自己是谁。

茉莉的手满是齿痕，但永信没有看到。

回台后，丈夫嫌小叶半夜会哭，抱着枕头、棉被跑去书房睡了。

性的方面，她问过几次，可是永信不想。久而久之，她便不再开口，事情自然也不再发生。

小叶又长大了些，能自己大小便、进食，睡眠习性也稳定下来。

茉莉多出一些私人时间，可以多睡一点，她变得多梦，梦的内容很雷同。

是那个下午。

熟悉的办公室里，张教授坐在那张看起来很温暖的桧木办公桌边，双手轻松地往后放，支撑自己的重量。在他身后是大片的玻璃窗，窗帘拉起一半，午后的阳光透进来。

茉莉不得不眯起眼睛看着张教授，她以一种几乎是告解的口吻诉说："教授，我不打算念博士了，仔细想了一下，我的学术热情好像不足以支撑我再走下去，请您不要生气。"

张教授看着茉莉，眼神复杂难解："茉莉，我懂的，我懂你的苦衷，但是，我希望你明白一件事情，只要你愿意……"他轻轻地叹了口气，"你的成就不止如此。"

只要你愿意——你的成就不止如此。

梦境一到这里，她就会浑身冷汗地惊醒，醒来第一件事就是找小叶。找到小叶之后，茉莉会抱起她，发出咿咿呀呀的声音，抚摩她粉嫩的小拳头，她晶亮的双眼看着茉莉，好像茉莉是全世界她最爱的人。茉莉深吸一口气，告诉自己，她不后悔，她选择了最好的道路。

*

小叶三岁了，开始上幼儿园。

此时，永信要求茉莉带着小叶，陪同出席他与友人的聚餐，茉莉私底下称之为“医生会”，成员多是永信的同学，有些是学长学弟。毕业后，他们遍布台湾各地，有的落脚大型医院，也有的选择自行开间小诊所。每两三个月，他们就相约一次。地点多半选在酒店里的餐厅，隐秘性够，餐点还算理想。

医生有他们圈内的主题，诸如最近的医疗技术与器材、期刊论文、不同体系的作风及全民健康保险的问题，等等。茉莉没很认真听，那不是她该关心的，她有自己的仗要打。

那群医生的太太，世俗所称的“先生娘”，也有她们圈内的主题。这群女子，她们的人生脉络有些类似，例如，和医生结婚后，她们多半没再工作，全心投入相夫教子的生活。

茉莉起初对于认识一群新朋友感到新奇，几次聚会下来，她很快失去了兴致。她没办法融入这个小圈子，这些女人的话题排行榜，第一名永远是“如何栽培自己的小孩”。医生的社会、经济地位高，社会自然对医生的下一代格外关注。

茉莉是里头学历最高的，这些女人慎重地询问她：

“你打算给小叶申请提早入学吗？”

“小叶做过智商测验吗？”

“你在家里会试着跟小叶用英文对话吗？”

也有不识相的问题："茉莉，你还有生第二胎的打算吗？"

这还不是最糟糕的。最糟糕的处境是，有些太太心中早已有了预设立场，和茉莉不过几面之缘，便一团火似的扑过来，亲昵地揉着她的臂膀："我跟你说，我之前也是要拼生男，抓了好几帖'包生男'的中药，结果老二还是女孩，最后朋友推荐，说万芳那里有一间不孕症中心，有个医生专门给人做'精虫分离术'，很有效，我家小宝就是这样来的，你要不要试试看？我这里有他的电话。"

茉莉拜托永信，可不可以不要再参加"医生会"。

永信拒绝了，他有些动怒："你跟小叶不去，大家会以为我们怎么了。"

*

小叶一日一日长大，她的一些特征也一日一日明显。她完全不是个讨人喜欢的孩子，她很安静，有些太安静了。见到认识的人，也不打招呼，更不会像同龄的孩子那样，喜爱伸出双手双脚丈量这世界的长宽。小叶喜欢据着一方桌角，随手抓一张纸就埋头画画。菜单是很好的材料，纸页光滑，落笔顺畅。有一次，纸画到没有余白了，她并不气馁，把创作的版图往墙壁上扩张。茉莉睡醒时，看到整片惨不忍睹的墙壁，底下还写了一行"4+4=8"。

茉莉怔了，倏地掉进回忆的长河。

那时她才上小学四五年级吧，考了第一名。老师送了一盒蜡笔，说是日本进口的，很宝贵。全班的眼球都粘在那盒蜡笔上，茉莉颤抖着双手，从老师手上接过那盒蜡笔。放学钟响，她兴奋地冲回家。柏宥不在，明玉去买菜了，茉莉有些孤单。她从抽屉里翻出旧报纸，开始画，涂得太激动了，蜡笔数度滚出纸张，在饭桌上留下蜡痕。明玉提着两塑料袋的菜回家，看到饭桌被弄得脏兮兮的，气得发抖，扔下塑料袋，先甩茉莉一个巴掌，再痛打一顿。

“你不读书，给我画这什么五四三的。”明玉的话言犹在耳。

此时此刻，茉莉站在墙的前面，觉得自己像个母亲，也像个女儿。她的心思千回百转，好多念头缠卷在一起。她先拍下女儿的杰作，之后打了一通电话，预约粉刷墙壁的工人。

她没有叱责小叶。

相反地，她告诉小叶：“你真是我的小天才。”

这么多年过去，茉莉经常从电脑中调出那张照片。小叶的画作不是单纯的模仿，她笔下的一些生物，她甚至没有亲眼见过。看了很久，茉莉才懂，她不是在画众人眼中的世界，只是忠实地“转译”她内心的世界。云朵和木屋的比例混乱了些，太阳很大一颗，好多只小狗与小鸟，还有茉莉辨认不出的小动物，它们全都聚在一起。

远在温哥华的婆婆曾多次遥控，要茉莉带小叶去挂自闭症的门诊。

婆婆直言，小叶太“深沉”了，整天安安静静，一双眼睛看来看去，也不知道在想些什么，这样的小孩子长大之后个性会有偏差。

婆婆提了这么多次，茉莉不是没有动摇过，也曾跟着怀疑小叶生病了。

小叶内向、寡言，不喜欢与外人有肢体上的接触，讨厌拥挤的环境，她有多次在游乐园和游泳池大哭的经历。在教室里，她坐在最不起眼的位置，幼儿园上了三年，只交了一个不知道算不算朋友的“朋友”，小叶要走时那小女生会挥手说再见。

她的确不像一般的小孩子。

然而，她的画驱走了茉莉的不安。活泼的用色、圆融的线条，处处透露出一个信息，这则信息令茉莉放下了长期以来的担忧：小叶没有生病，她只是表达情感的方式跟世界上多数人不同。

*

小叶上小学那年，永信的双亲卷入一宗官司，茉莉无从得知详情，只知道永信按月转去加拿大的钱得加倍。茉莉不平，认为永信的两个妹妹也该分担这笔损失。

“凭什么我们要负担全额？当我们这小家庭是神仙，吃空气就能存活吗？”

茉莉第一次对永信大声说话，她急了，这笔钱不是小数目，也不知道汇去的用途。茉莉的言语尖锐起来，永信也动了气，站起身大吼：“我是老大，又是做医生的。大妹是家庭主妇，小妹一个月收入不过三四万，怎么能叫她们帮忙负担？”

茉莉看着永信，没有说话。

永信见茉莉没有回嘴，以为自己占了上风：“再说了，这些钱都是我赚的，我一个月要给父母多少钱，是你可以插嘴的吗？”

茉莉转身离开现场，把自己关进书房。她软跪在地上，思绪凌乱。

在书房的地板上躺了一整晚，天亮时茉莉下定决心，她要出去工作，赚自己的钱。她想起一个人，那是研究室的学姐，两人感情一度很好，茉莉结婚后才淡了联络。她拿起话筒，凭着记忆按下十个数字，等待接通时，她可以听到自己急促的心跳声。

这通电话改变了茉莉的命运。

学姐跟友人新创了一家公司，主打替代能源，手边正缺人才。学姐给茉莉引介了一个职位。茉莉很珍惜学姐的牵线，她一头栽进这份工作。不出几年，她慢慢深入公司的决策中心，股票、红利和奖金加起来，收入非常可观。

跟茉莉薪水成反比的，是她与永信的互动。不知何时起，永信竟会闪躲茉莉的眼神，窝在书房的时间长了，周末的球约多了。他也不再坚持茉莉得跑“医生会”了，他不说日期，自己轻手轻脚地出门赴约。茉莉试着放低身段，主动示好，永信却不领情。

*

小叶十一岁时，有段小插曲。

明玉上台北来，忘了是参加谁的告别式，剩了一些时间，就顺便来看看茉莉。把母亲接进门，茉莉的眼皮止不住地跳，有种不祥的预感。

她给母亲拿拖鞋，送茶，端水果，以招待客人的心态招待自己的母亲。

明玉问了一些天气阴晴的问题，茉莉答得有些心不在焉，她的视线无法抑制地往时钟飘去。她看得出来，母亲的心里如今又藏了一颗核桃，里头有核果，然而茉莉手中没有工具，她也不想再走进母亲心中的花园。

北一女。

台大医科的丈夫。

够了，她做得实在够多了。

四点半刚过，明玉放下茶杯，站起身，理了理裙摆，说不早了，该走了。茉莉抑制着内心的雀跃，一跃而起，进厨房，冰箱开开关关，塞了一些补品在母亲袋子里。

明玉清了清嗓子："茉莉，我有事情要和你商量。"

茉莉的寒毛一根根站了起来。都坐三望四了，哪怕事业做得再大，她仍旧没有长进多少，仍是那个捏着成绩单、等待棍棒落下的小女孩。

明玉无视茉莉惨白的脸色，自顾自地开口："我给你打听到，永康那里有个看诊快四十年的中医，他们家有一帖祖传包生秘方。住我们家对面那个徐阿姨，媳妇嫁来三年还孵不出半颗鸽子蛋。服药才三个月，就中了一对龙凤胎。"

"妈，你说这个是要干什么？"

"你不可以只生一个。一来，小叶是女的；二来，她的成绩太烂了。我真想不通，一个是台大硕士，一个是台大医科，照理说，小孩会遗传到父母的智商。怎么小叶这么笨？我是怎么教你的，你关心过她的功课吗？"

茉莉握紧双拳，她为自己，更为女儿辩护："小叶的成绩或许不是顶尖，但也没有差到哪里去。况且，这几年永信的爸妈也很少过问了，他们该是不介意孙子的事了。"

明玉冷冷地扫了茉莉一眼："你的公婆没有找你麻烦，不是因为他们放下了，而是他们先前给你们添过麻烦，不好意思再说些什么。只是人家没说，不表示你可以装傻。我看你这几年，满心满眼都是公司，小叶的成绩你放着让它烂，生儿子的事也没放在心上。你做人家妻子的，眼中还有这个家吗？你不如辞掉工作，回归家庭，想清楚自己的本分跟责任。"

"妈，我的事，我会处理，你不用操心。"

明玉不理茉莉的抗议，加重语气说道："简茉莉，我是你的母亲，我得承担管教你的责任。我不想听到别人在我背后嘲笑我，说我教出一个不懂人情事理的媳妇。”

*

茉莉说到这里的时候，我来到叶家已有一年了。

我跟她就读同一所大学，她对我格外亲切，课程结束后，她会留下我用餐。小叶的父亲很少回家用晚餐，她说有我的参与，母女俩的晚餐会多些人气。

晚餐结束后，小叶会跑去用电脑看动画，或是溜进房间画图，桌边只剩下我和茉莉。这时，茉莉会漫不经心地跟我闲聊起她自己的事。像是拼图一般，每个星期得到一块两块，长期累积下来，已足够我拼出茉莉五六成的过去。

我在聆听时，非但不觉得无趣，相反地，我对于茉莉与她母亲之间的纠葛着迷不已。

我又待了几个月，故事的重心慢慢偏移到小叶身上。

“六年级下学期第一次段考，小叶考到全班第三名，我打电话告诉丈夫，他很高兴。小叶之前最好的名次，也不过是第八、第九。那晚他订了高级西餐厅，七点准时到家带我们母女去用餐。三个人，点了四千多元，包括一支香槟，我丈夫点的。我很讶异，他很少喝含酒精的饮料，那晚却点了香槟，他说想放松，好好庆祝一下……”

茉莉停了下来，她的脸上浮现如梦似幻的表情，她笑了一下，说道："我很喜欢那晚的永信，香槟使他整个人变得很亲切。结婚这么多年，我第一次看见这样的丈夫，堆满笑容，很温暖。他不停地夸奖小叶，说小叶不愧是他的女儿，他以前考试都拿前三名。"茉莉换了个姿势，把重心放在右脚，"现在想起来，反而觉得有些悲哀，我丈夫对女儿的爱是有条件的。"

她往厨房瞥了一眼，锅内的水即将沸腾。

今晚喝的是罗宋汤，材料准备好了，块状的牛肉、切丁的萝卜和马铃薯，西红柿先用热水烫过再去皮，有的切丁，有的打成糊。

"老师，跟你说个秘密。孩子的爸爸也不知道的秘密。"

"啊？"从虚掩的门缝中，我看见小叶低着头做数学习题的身影，拿着铅笔努力地涂啊涂的。小叶的第三次模拟考要到了，她专注的神情好可爱，我不自觉地露出微笑。

"那一次考试——小叶作弊啊。"

水彻底沸腾了，传出隐隐的啵啵声。茉莉转过身，走进厨房，弯腰调整火候，从橱柜里取出香辛料，整齐地摆放在流理台上。

茉莉背对着我，接着说下去："小叶那一次的数学、自然进步了好多好多，我太开心了，没有去细想是为什么。倒是小叶的老师注意到了，小叶这两科的分数和坐在她隔壁的副班长的一样。老师调出他们两个人的考卷来比对，错误的题目完全重叠……”

茱莉顿了一下，要说出这些对她而言并不容易：“老师把副班长叫过去，要查明真相，对方说，是小叶主动提议的。五百元，小叶给他五百元，他把数学、自然的答案给她抄。老师又问，那五百元呢？副班长说，拿去买战斗卡片了。老师，你听过‘游戏王’吗？那是什么？几张卡片也能卖得这么贵？”

我大略解释了一下，其间难免心虚地侧身多看了一眼。小叶还在算数学题。

她没有发现我们正在讨论她的事。

“现在想一想，能够遇到那种老师，小叶实在很有福气。”

根据茱莉的记忆，那位老师是这样说的：“一般考试违规的个案，得先通报校方，该名学生会受到记过处分，违规科目也会以零分计算。可是……小叶快毕业了，我有个私心，希望她可以没有阴影地离开这所小学。虽然对其他同学不是很公平，但我不打算以体制内的方式解决，也就是说，我不会通报训导处，校方那边不会知情。”

茱莉握紧话筒，感激地一再道谢。

“小叶的数学是我教的，我会改登记为六十分，自然那科我再跟自然老师商量一下。副班长我已经把他调去外扫区服务一个月，五百元的事我们再来讨论。”

老师停了一下，声音更小了：“还有啊——小叶的惩处，我交给你处理了哦。她很敏感，我又是老师，她一天要看到我那么多次。若由我来处理，不保证不会留下后遗症。我不希望事情变成这样，我说过了，还有不到半年小叶就要毕业了……”

她们窸窸窣窣地交谈，仿佛一场密谋。在公平与正义的天平面前，她们不再放下或拿走砝码，有些事情是压根不能拿来衡量的，比如孩子。

“事情的经过就是这样。”说完，茉莉双手一摊。

“这位老师处理的手法很细腻，我很少听说这么认真的老师。”我说。

“没错，小叶毕业典礼时，我和她聊了一下，小小只，眼睛大大的，很热情的一个人。”

“阿姨最初听到小叶作弊时，有什么感觉？”

“当然是生气啊，我快气疯了！”茉莉睁大眼睛看着我。

“不过，除了生气之外……”茉莉的视线从我的脸上飘走，过了一阵子，她才慢慢地说道，“我也觉得厌恶和羞耻。从小到大，我成绩最烂也有前五名，我只相信自己的答案。作弊？我根本没想过。我以前认为作弊的人很可耻，不想读书没关系，但作弊就表示你想不劳而获，这种心态是我最看不起的。问题是，这次作弊的不是别人，是小叶，是我看了这么多年的女儿，我根本不可能用这些字眼去形容她。”

茉莉深吐出一口气，嘴角绽放苦涩的微笑。

“等到生气、厌恶与羞耻结束后，我才觉得伤心。我是真的很伤心，我伤心的理由，不完全是小叶作弊，我的伤心有部分是因为，我无法接受有这么一天，小叶对我撒谎了，一直以来，我以为我们母女之间是没有秘密的。”

放回话筒，整个夜晚，茉莉专心地想一个问题：小叶是什么时候学会说谎的？小学四年级以前，历任老师给小叶的评价都很类似，不外乎是“品行善良、敦厚乖巧”。从何时起，这个“品行善良、敦厚乖巧”的孩子，会跑去用五百块唆使别人帮她作弊呢？

茉莉想不到答案，这个答案在小叶身上。

*

隔天，她接小叶回家吃饭。那天晚餐很丰盛，除了主餐，茉莉还去了附近新开的甜点专卖店，买了一个德式烤布丁和一个限量草莓奶油蛋糕。

用过晚餐之后，小叶一边享用甜点，一边跟茉莉分享她的近况。小叶很关心即将到来的毕业典礼，她跟茉莉提到六年级练唱毕业歌曲的盛况、班上近日氛围的转变以及自己心态上的不同，等等。

茉莉专注地听着，去上班之后，她已经好久没有认真听小叶说话了，小叶也很久没说这么多话了。

小叶说完之后，换茉莉开口：“小叶，你是不是有事情没有告诉妈妈？”

“啊？”小叶尚未意会过来。

“跟成绩有关的事情。”

小叶一动也不动，身体一僵，接着开始发抖。

“你这次段考的事，妈妈已经知道了。”

小叶的唇齿止不住地颤抖，很快地，眼泪一颗一颗地滚落脸颊：“我不是故意要作弊的……我只是希望大家都开心而已……”

她哭红了脸，结结巴巴地说道：“我偷听到你跟朋友打电话，说外婆觉得我很笨，怎样都考不到前十名，不像是你和爸爸的小孩。我害你被外婆骂了对不对？”

“天啊！小叶你听到了？”

茉莉的心紧揪成一团。

最该认错、道歉的人，不是小叶，小叶不是坏小孩。

她作弊的出发点，是偷听到母亲的电话，想证明自己是这对父母的小孩。

茉莉的心中充满懊悔：“小叶，对不起，是我错了，妈妈忘记告诉你，你之前的名次很好了，那也是你努力的成果。是我不好，我不该受到外婆言语的干扰。”

说着说着，茉莉的情绪也有些激动：“小叶，你是妈妈最爱的宝贝，你很好，你是我生的，没有人可以说你不像我的小孩。你懂吗？”

小叶点了点头，双眼含泪，似懂非懂地看着母亲。

永信回家时，看到眼红鼻红的一对母女，皱了皱眉，没有多问。

下一次段考，小叶被打回原形，退到十名外。永信知情之后，态度恢复冷漠。

茉莉不以为意，依然带小叶去餐厅庆祝。

*

小叶升上初中后，成绩在十一到二十名之间徘徊。一年级课程结束后，茉莉思量了半个月，决定停掉小叶全部的补习班课程，改请家教，这也是我出现在小叶家的原因。

我是出现在小叶家的第一个家教。

第一次见面，茉莉跟我解释，为什么她要找家教："我们住的区域算是明星学区，也是补习班的一级战场，台北市优秀的学生净往这里集中，老师也习惯把每个学生当成资优生来教。小叶不是特别聪明的学生，她去补习班只会越来越自卑。"

在小叶眼中，我是一位老师，但在茉莉眼中，我有其他角色要担任。

茉莉，这个我学生的母亲，我认识她时，她刚满四十岁。四十岁，不惑之年，比起规划未来，茉莉更想花时间厘清过去的一些事件。简单来说，她想说故事，她需要一个听故事的人。这时，在她的生活中走入一个年纪只有她的一半、对人事有些懵懂，又具备好奇心的女生。

以听故事的角色而言，没有更好的人选了。

我心底雪亮，茉莉的叙述极可能失去部分客观，回避掉某些场景，或者放大某些对白的情绪。最极端的情况是，她隐瞒了一些过程，或者捏造了一些情节。我都可以谅解，我也应该谅解。因为，叙说的同时，茉莉也在试着诠释，她在给自己不同的生命进程下定义。

小叶是个客气明理的孩子，我给她安排五十分的作业，她就写五十分的；给她安排六十分的作业，她就写六十分的，不特别认真，也不特别怠惰，是个中规中矩的好孩子。相处起来不多话，挺安静的，只是她的眼神会告诉你，你说的话，她都在听。

只要我一个不注意，她又会趴在桌子上开始涂鸦，在没人打扰的前提下，她可以画上一整个下午。小叶的课本和讲义上爬满了小动物与食物，偶尔水果长出手脚来，偶尔动物穿着正式的服装闲话家常。我喜欢看着她构图，深受她的童趣吸引。

我问过小叶："画图技巧是跟谁学的？"

"自己看书学的。"

"它们的说话内容呢？又是从哪里看来的？"

"自己想的。"小叶笑眯眯地回答我。

我跟小叶相处了两年，茉莉没有给我什么标准，确定小叶跟上进度即可。小叶有一次考了第四名，我和茉莉很惊喜，下一次她考第十名，茉莉也只是笑了笑，没多说什么。

我在茉莉家的日子总是很愉快，愉快得不像是去工作。

*

小叶快要考基测的前几天下午，茉莉正好在我的大学附近见客户，她约我吃下午茶。我们说了一些小叶的事，更多时候，我们讨论茉莉过去的事，我很熟悉这样的比例。

但是那一天，茉莉有些不同，她的语速很慢，不时停下来看着我，像在斟酌些什么。

“小叶要升上高中了，以后你也不会一个星期来我们家两次了。”

我点点头，嗅到离别的感伤。

完成阶段性任务后，家教最后的工作就是好好地说再见。

不同的是，我舍不得小叶，更舍不得茉莉。

“有些感触，我想跟你分享，你就当作是我的唠叨吧。”

“阿姨请说。”

茉莉停了下来，拿起一个司康，抹上黑醋栗果酱，咬了一口，咀嚼了几下。没多久，她放下司康，有些激动地开口：“小叶是我唯一的小孩，说来讽刺，我们最快乐的日子，或许是我怀她的十个月，那时我什么也没想，只祈祷她健康平安。”

我点点头，母亲也对我说过类似的话。

“小叶出生后，我们都很辛苦，我有我的压力，她有她的。

小叶一天一天长大，外界对她的期待越来越多，我不能置之不管，只好勉强她去迎合他们的眼光。有时候，我会想，是不是世界上没有别人，只剩下我们两个，我才能好好爱她？小叶五年级时，自己说要去上美术课，我明知她有这方面的天分，也对画画有兴趣，但生怕耽误她的课业，劝她改上资优数学。小叶答应了，我却高兴不起来，心底有些空空的。小叶去上资优数学的第一天，她下车走进补习班，我看着她的背影，好像看到自己。为了让母亲安心，我没有念博士，嫁人做家庭主妇。小叶也是，她为了让我开心，放弃美术课，去补她没有兴趣的数学。”

茉莉静下来，喝光杯中的红茶。

我拿起茶壶，倒了一杯新的给她，茉莉点头致意，继续说下去：“我想保护自己的女儿，但这很难，有时候我不够勇敢，也会跟着别人一起伤害她。小叶作弊那件事，我到现在还是不太能原谅我自己。小叶有一点遗传到我，我们都是为了取悦母亲宁愿委屈自己的人，可是，我不想要她成为第二个我，那很痛苦，有太多不必要的执着，到我这一代该结束了，小叶有她自己的人生。她要考高中了，我的母亲、婆婆和永信很渴望她考上北一女，至少中山女中。我没有。我告诉她，你尽到努力最重要，不要管他们怎么说，我会支持你。”

茉莉看向窗外，右手揉搓左手的指节，眼眶些微泛红。

我看见一个在女儿、妻子、母亲与媳妇各个角色中，反复取舍比例的女人。

*

几天后，基测结束了，小叶没有考上北一女，也没有考上中山女中。

她打电话告诉我，她只考上了附近的社区高中，爸爸和外婆对她很失望，妈妈倒是很开心，说要带她出去玩作为犒赏。小叶的语气有些矛盾，她说，虽然有点对不起大家，但一想到在社区高中念书，课业压力没那么大，或许可以花更多时间做自己喜欢的事，便忍不住有点开心。

挂断电话之后，我可以想象茉莉正面临的责难。

父母的言行态度，随时随地都在影响小孩子的每一个动作；而父母本身，可能也深受上一代父母的言行态度影响。

茉莉说，丈夫的父爱是有条件的，他只在小叶考了第三名那次才像个父亲。会不会有一个可能，永信的父母也是这样告诉他的，只有成功的小孩才能获得被爱的资格？

茉莉自己的前半生像傀儡一样，母亲要她往左，她不敢往右。明玉的内心满是空洞，茉莉牺牲掉人生的许多可能，尽力满足母亲的要求。直至作弊事件，她才明白小叶正在复制她的路，小叶也在勉强自己来取悦茉莉，不知不觉中，小叶的四肢也绑上了绳线。

跟明玉不同的是，茉莉不想走上一样的路，她决意给小叶剪断所有束缚。

小叶可以自由地伸展手脚了，茉莉却可能因此被贬抑为一个疏于管教孩子的母亲。

没关系，茉莉会学会勇敢的。

我看得出来，世界上茉莉最爱的人是小叶，茉莉不能失去她。

后记：

故事里有三个女子，明玉、茉莉与小叶。起初我写小叶多一点，但是之后，故事失控了，每个角色自己分配起各自的出场分量。我后知后觉，我对茉莉的感情，比我对小叶的感情更深。我若把焦点放在小叶身上，这故事的结局一定不精彩。

这个过程，像是摊开一张揉皱的彩色玻璃纸，经过缜密地平整后，光线穿透，色彩于是洒落。

第 3 个家
必须多动

“多动症”可能是一个标签，也可能是从天而降的神仙索。

Unbearable bond of love

少女若娃非常美丽。

第一次见到若娃时，我不得不惊艳于她的美貌，忍不住在心底屏息：好漂亮的孩子啊！白皙薄透的肌肤，秀挺的鼻子，一张樱桃小口，长而柔软的秀发松松地垂落肩颈。四肢细长，瘦不见骨的纤秾合度。然而，若娃最出色的，莫过于她那双眼睛。我穷尽心思，也不如抄《老残游记》的笔法："那双眼睛，如秋水，如寒星，如白水银里头养着两丸黑水银。"

容我做个小小的自白，见到若娃的那一刻，纵为人师，也不免起了妒羡比较的心思。

反观若娃的母亲，和女儿反差极大，以台湾女性的平均身材而言，她还算高，很胖，臂膀的肉掉出衣袖，晃来晃去。她说，叫她杨太太就好了，她丈夫姓杨。

"我的标准非常简单。"自我介绍过后，杨太太如此说道。

非常简单，这是很新鲜的说法。一般家长顶多是说："我的标准不会很高。”（纵然这样说，也不能轻信。）在这里，杨太太的说法是，“我的标准非常简单”。

我点了点头，请她说下去。

杨太太气定神闲地继续说道：“去年，我好姐妹的宝贝女儿考大学，也不知书是读到哪里去了，成绩一出来，天啊！每一科都惨不忍睹。我朋友又花了一笔钱跑去让人家做什么落点……落点分析[1]对吧？对方告诉她，她女儿在全台湾只剩下几所学校可以念，每一所都在偏远地区。”

杨太太嘴角轻扯，没笑出声：“我朋友吓死了，准备了一大堆东西，带着有力人士，去拜托附近大学的校长，让她女儿入学。结果，老师你猜校长跟她说什么？人家看了一下她女儿的成绩单，当场笑出声来，说：‘就算全部选 B，也不至于考这么烂。’”

杨太太再也忍不住，掩嘴大笑，若娃看母亲笑，也轻轻地笑了。

气氛很轻松，我也跟着扬起嘴角。

“老师，”杨太太忽然收起笑脸，“我的标准就是这么简单，不要让我陷入那种处境，得拿着女儿的成绩单，一所所学校拜托人家收留。我女儿上初中以来，最好的名次是班上第三十三名，他们班也才三十九个人。这样子的学生，你有办法教吗？”

“我会尽力。”

[1] 落点分析是台湾学生报考大学时辅助填报志愿的工具。通过分析历年考试数据、各个大学情况，结合家长、学生自己的需求和条件，给出填报建议。

这是我一贯的官方回答。

没真正下水之前，说冷说暖，都没有意义。

杨太太点了点头，她看着我，眼神闪了一下，语调有了些变化："那个，老师，有一件事情麻烦你注意一下，就是，那个啊……你每上课三十分钟，最多不要超过四十分钟，请让我女儿休息一下。因为……这孩子的注意力比较没办法集中，上太久课会很累。"

"她的注意力没办法集中？"为了在之后教学上取得共识，我必须问得更详细。

"对啦。唉，说这个也不知道你懂不懂，我们家小孩有ADHD，就是俗称的多动症啦！你听说过吗？你带过这种情况的小孩吗？"

我惊讶地转身看向若娃，她对我投以淡淡的微笑，坐姿端庄笔直，双手微微放松，向前握着膝盖，像一尊美丽的洋娃娃。

我绝不是第一个做出类似反应的人，若娃的眼神中透露出一丝淡然。

不等我反应，杨太太自顾自地说了下去："看不出来对吧？所有见过她的人都说，'生得这么漂亮，一双眼睛这么有灵气，应该是个聪慧的孩子，怎么可能有多动症？'偏偏——这孩子就是有多动症啊！"杨太太叹了口气，怜悯地看了女儿一眼，母女俩相视一笑。杨太太又说道："为人父母的，生出这种特殊的孩子，还能怎么办呢？只能更尽心地陪伴照顾啊……"

我点了点头，内心有点不自在。杨太太的语气很奇怪，听起来不只在抱怨，还同时存在着一种淡淡的欣慰。尤其是她和若娃相视而笑的举止，更是诡异得难以形容。

怀疑的思绪萦绕在我心头，但我很快就压抑下去。这份工作很吸引人，杨太太要求课程从晚八点上到十点，一个星期两天，和我的行程很切合，我有几个晚上得上课到六点半，七点的家教赶不上。最重要的是，她给的薪水较行情优厚许多。

确定了上课时间后，我从袋子里拿出教材和瓶装水放在桌子上。瓶子刚从宿舍冰箱里取出，瓶身微微冒出水珠。见状，杨太太脸色大变，她起身，快步走到我的位置，抄起桌上的杯垫放在瓶子底下："老师，这张桌子是原木做的，一张就要三十万。这么完整的木材，现在已经很难得了。我的意思是，这种桌子很怕水汽，老师以后拿出水瓶时，请在下面铺上垫子。"

"啊，啊！真是非常对不起，我以后会注意的！"

杨太太慎重地用卫生纸按压方才水瓶放置的地方，我站在旁边，一脸尴尬。等她处理完了，我从袋子里取出其他教材，若娃也在桌上摆好了铅笔盒和文具。我在脑海里稍微预演了一下今日的进度。第一堂课的主要内容，多半是拟出一个日后学生读书的大方向，我会询问学生日常作息、读书习惯和做笔记的方式，等等。

在我提示可以开始时，杨太太仍坐在若娃旁边。

"我们要上课了哦。"

“老师可以上课了。”杨太太比了一个请的手势。

“阿姨习惯坐在旁边跟课吗？”

“对啊。之前的家教，我也是坐在旁边听。”

“这……”虽然无法目睹，但我猜想自己的脸色一定不太好看。

“有什么不对劲吗？”杨太太问。

“怎么说好呢……”我抓着头皮，努力翻找比较委婉的用词，“阿姨对我的教法感到好奇，我可以理解，但根据以往的经验，只要家长待在旁边，小孩子会禁不住想要迎合家长，做出不符实际学习情况的表现。轻则不会诚实地说出想法，重则‘不懂装懂’，明明不会，可是怕家长不高兴，于是假装会。阿姨既然舍得花钱请家教，无非是希望女儿拥有更好的教育质量，所以，不好意思……可能得先请阿姨离场，在稍远的地方旁听好吗？”一席话看似合情合理，我却出了一身冷汗。

“是这样子啊……”杨太太蹙起了眉头，上下打量着我。

若娃兴致盎然地来回看着我们。

她似乎没意识到，眼前的情景叫作“僵持”。

几秒钟后，杨太太不情愿地站起身，推开椅子，缓步往门的方向移动：“既然这样，那我去旁边的房间看杂志了。对了，门请保持开着，不要把门关起来，我想听得仔细一点。说归说，我女儿是个特殊的小孩，她若有什么突发状况，我也能帮忙处理。”

“好的，谢谢阿姨。”我相信杨太太已经做出很大的让步。

经过一番波折，我和若娃之间的课程总算开始了。

*

我很快就察觉到这对母女十分不对劲。

一般情况下，我会和学生交换手机号码及通信软件账号，方便学生发问，避免问题逐渐囤积，毕竟，问题累积到一定程度时，学生对于该科的学习意愿也会跟着下滑。

这个方法的优点是可以实时解答学生的困惑，危险自然也在于它的实时性。我曾听过一位家教的经历，短短一个晚上接到学生发来的二十几则问题，她握着手机敲到十指发软。所以，我会和学生形成默契，以通信软件提问，仅适用于问题数量不多的时候。

"这是我的手机号码和通信账号，你有问题可以拍下来，传给我。"

我信手撕下一张便利贴，写下自己的联络方式，递给若娃。

若娃看着字条上英文和数字的组合，歪着头，若有所思地说："可是，我很少用手机哎。"

我不由得仰起脸来。

近年来，越来越多人意识到青少年手机成瘾的危险。

曾有一位家长向我倾诉："老师，你上课的时候我不知道，可是，你不在时，我女儿没有一秒钟离得开手机，低头滑来滑去，吃饭也滑，做功课也滑，一边做一边滑，对着手机嘻嘻笑，不知道在看些什么。她上次段考退步很多，我很生气，气到没收她的手机。没想到她竟然哭着在地上打滚，求我把手机还给她。一个十五岁的小孩，为了一个手机哭成这样，我光是看着都快不能呼吸了……帮我劝劝她好吗？”

那位家长的女儿，叫作豆豆。

上课时，豆豆把手机放在伸手可及的位置，课间休息五分钟，她第一件事情就是拿起手机，着迷地看着发光的屏幕。我向来不干涉豆豆的行为，至少她上课时很专心。

下次上课，我半开玩笑地问她：“看啊，我认真教你没用，我走了你不复习，成绩都掉光光了。听你妈妈说，我不在的时候，你都在玩手机啊。手机有这么重要吗？”

“当然，手机是我的第一生命！”豆豆坚定地说道。

“为什么？因为手机里面有很多好玩的小游戏吗？”

我尝试以不带任何预设立场的方式跟她说话。

这是我多年来的心得，孩子们对于“恶意”的侦测十分灵敏，一旦他们警觉到跟他们说话的人“来者不善”，会毫不犹豫地缩回自己的壳里。

“不，手机里的小游戏一下就玩腻了。”她回答。

“那手机为什么这么吸引人呢？”

“很简单啊，有了手机，我可以登录连我[1]，登录脸书，登录任何社群软件，我可以知道别人在做什么，我可以点赞、留言、

[1] 一款免费通信软件。

分享我的生活，而我的朋友们也这么做。我妈常说，网络上的一切都不是真实的，才不是这样呢，网络世界跟真实世界是有关联的，你在现实生活中拥有很多朋友，你的网络世界也不会太孤单。大家会去给你点赞、留言啊。”

我点点头，她的表达很精彩。

这也是这个职业的附带价值，我可以知道比我年轻许多的人到底在想些什么。

豆豆狐疑地看了我一眼，斟酌着是否要跟我讲得更深。几秒后，她“唉”了一声，有些青涩，也有些老成地说道：“一旦没了手机，这一切就中断了。我看不见别人，别人也看不见我，像是被困在一个鸟不生蛋、狗不拉屎的地方，感觉被孤立了，这很恐怖。”

“没错，这我能懂，我跟你一样大的时候，最怕的事情就是被孤立。”

豆豆的回应让我想起自己的青少年阶段，在我上初中、高中时，只要有一件事情是大多数同学知道而我不知道的，我就会很焦虑，急着想得到那件事的相关信息。

我突然懂得了她的感受。

“老师，你也懂我的感觉吧？”得到共鸣后，她睁大眼，很雀跃地说了下去，“我宁愿对别人撒谎，说我手机送修，也不会承认我的手机被没收了。天啊，我妈认为没收手机是‘为我好’，不，她不知道，她这种想法把我害惨了。”

豆豆耸耸肩："我不会跟她争论，反正大人总认定他们是对的！"

"网络是唯一理解他人生活方式的媒介吗？"

"不是，但网络是很重要的媒介。唉，"豆豆双手托着下巴，老气横秋地说，"老师你不懂啦，以前你们没有智能手机，顶多就是写写信、传字条、打电话，回到家就可以做自己想做的事。我们现在的小孩很命苦，回到家，还要继续跟同学social……"

*

若娃说出那句"我很少用手机"，激发出我满腔的好奇心。

像是看到了什么奇特的生物，让我想好好观察："若娃，你的手机是智能手机吗？"

"是啊，我的手机是苹果的。去年的生日礼物！"

"拿这么好的手机，应该更爱不释手啊。"我更困惑了。

"之前会拿来下载韩国偶像的MV，但是手机屏幕好小，看起来好累，还不如用电脑看，我的电脑屏幕很大哦，妈妈怕伤眼睛，就买屏幕很大的那种。"

"除了看MV，手机还有其他用途吧？例如，和朋友联络。"

"我也想拿手机和朋友联络啊，不过……"

若娃没再说下去，嘴唇抿着，一双大眼睛盯着我，有些为难的样子。

“你不想说也没关系。”

“哎哟，不是我不想说，只不过……好啦，我干脆直说，因为我妈会偷看啊。”

若娃捧着腮，做出一副鬼脸。

即使如此，她看起来还是比许多人可爱。

“我到初中才拥有自己的手机，第一次买手机，妈妈就给我买智能手机。一开始我很兴奋，在里面装了好多通信软件，同学们也很兴奋，纷纷加我，发了好多信息给我。那时候，我和朋友都很开心，这样联络很快、很方便，又不用钱！但是，之后发生一件令我有点介意的事情……”若娃停了下来，定定地看着我，“你不会跟我妈告状吧？”

“不会。”我做出保证，心中很犹豫，要是若娃告诉我的事情很严重呢？

“有一天，妈妈突然叫我不要跟某个女生来往，她说那个女生说话很轻浮。我觉得莫名其妙，妈妈根本没有和那个女生见过面啊，该不会是偷看了我的手机吧？原本也只是猜想而已，不是很确定。过了几天，我在浴室洗澡，手机放在房间里。我妈没有经过我的同意，用我的手机打给那个女生，要她发信息的时候不要夹杂那么多脏话。那个女生吓死了。隔天，我一到学校，她交给我一封很长的信，说自己从今以后必须跟我保持距离，她也跑去跟很多同学哭诉，说我妈妈很恐怖，不仅偷看自己小孩的短信，还会打电话‘警告’别人。我在班上的处境从此变得很尴尬，大家不会跟‘妈妈管很多的同学’走太近。”

若娃陈述时，我又想起了豆豆，她们的说法有许多相符之处。

“你可以设密码啊，很多通信软件都有这种功能。”

“我当然试过了……”若娃没好气地说，“看完信之后，我很伤心，马上设了密码。没想到妈妈居然为此气得发抖，她说：‘若你没有做亏心事，为何要担心妈妈看你跟朋友的聊天记录？’我无话可说，也不想让妈妈认为我做了亏心事，只是觉得很奇怪……”她的双手绞在一起，语气有些压抑，“我只是想轻松地跟朋友聊天而已，这样也有错吗？”

此时，眼前一大团的紊乱中，有一截小小的、短短的线头亮了出来。

我陷入两难。家长是付我薪水的人，若以这个角度切入，我最聪明的做法，就是把若娃所说的一切抛诸脑后，专注在教书这件事情上，可是，看着她彷徨的神情，我发现自己做不到。几经思量之后，我战战兢兢地开口：“你有没有考虑过，和妈妈商量一下，请她不要再检查你的手机了？好好说一下，妈妈或许可以谅解的。”

“不可能。”若娃不假思索地摇头，“妈妈说过，她是我最好的朋友，我们之间不可以有秘密……就像她也会把自己的事情告诉我。”

“所以，你就不再用手机跟朋友联络了？”

“对。我很累，同学也很累。他们跟我抱怨，跟我说话要很注意用词，免得我妈哪天心血来潮，突然打电话过去骂人。久而久之，他们变得不太喜欢跟我聊天，最后，几乎没人发信息给我了，即使有，也是讨论一些功课和考试的事情，他们不会和我聊天。”

若娃给整段故事下了注解：“我有时候很困惑，妈妈也会把自己买鞋子的发票丢掉，免得被爸爸发现，可是妈妈却可以不管我的心情，直接看我的手机，这不是很矛盾吗？”

在她说话的此刻，整个人的神色竟淡淡地散发着通晓人事的世故。

仍有不少亚洲的家长服膺权威式的管教方式，他们相信，上对下的模式有助于亲子关系的稳定，介入孩子的私领域，也是保护孩子的有效手段之一。在这种氛围下，强调孩子隐私权的声音往往会被压抑，甚至遭受攻击。

曾有一位家长跟我说：“在小孩子无法为自己的作为负起全责之前，既然父母可能得承担小孩犯罪的责任，那就有监督的义务。看孩子的日记、往来通信，合情合理。在小孩子成年之前，他们尚未成为一个独立的个体，自然也是没有隐私权的。”

在这样的说法中，“比例原则”四个字不见了。

若娃身临其境。

*

若娃的课程稳定下来后，我得正视一个事实：她的基础概念几乎一片荒芜。

她初三了，“先乘除，后加减”的概念仍需要我反复提醒，分数与小数点的转换掌握得很差劲，她说过：“一又二分之一就是一点二。”压倒骆驼的最后一根稻草是她的记性，她的大脑仿佛一片沙漠，不管我在上面刻了多重的字迹，挖了多深的沟，过两三天，她会满脸歉意地请我原谅，她又忘光了，一点印象也没有。

周考、段考、模拟考，每一张考卷发下来，永远是遍地开花，整片的猩红刺目。

奇怪的是，对此杨太太永远保持一贯的从容，似乎很习惯女儿拿这样的分数。她依然不冷不热地招呼我，依然在桌上备齐茶点，依然笑脸盈盈地注视自己的女儿，顶多只是在走去隔壁小房间时，清清淡淡地说一句：“麻烦老师再加强一下。”

和杨太太一以贯之的冷漠相较，我的教学热情倒是渐渐干涸。拿起考卷，对于一再处理相同的题型感到厌烦。一日，若娃又带回一张三十六分的考卷，检视整张考卷，里头有将近八成的题型她已做过相仿的练习。我把考卷搁置一旁，换个方式检讨。

“平常在学校上课的时候，你都做些什么呢？”

“发呆，放空，等下课。”似乎觉得自己的答案很有趣，若娃轻轻地笑了出来。

“每一堂课都这样？”

“对啊，”她舔了舔干燥的嘴唇，“我从小学就是这样，每堂课都好无聊，坐在教室里根本就是浪费生命。所有人都在忍耐，都在等下课，只是有没有表现出来的差别。一样的事情，今天讲了明天又得重复，要一而再，再而三地复习。学这些很重要吗？一次函数、二次函数，很重要吗？妈妈说，数学不用学得太深，只要买东西会算钱、找钱，那就够了。”

我心底一凉，没有多言。

若娃不想学习是理所当然的，这是她母亲一手“栽培”出来的结果。

“那你喜欢什么？”

她的大眼睛溜了一圈：“当然是和妈妈逛街啊，最喜欢和妈妈去逛百货公司了，每一季，百货公司都会上新品，不同季有不同的流行。妈妈最喜欢买鞋子和化妆品，很多柜姐都认识她，她是大户，一刷卡就是好几万，还可以换一堆赠品！”

“好，除了逛街，你还喜欢什么呢？”

“去好吃的餐厅！”她咧开嘴，一口漂亮的贝齿露出来，“妈妈是夜猫子，她看电视看到很晚，醒来时也差不多中午十二点——快要下午一点了。她中午一个人吃，吃得很随便，吃完就去逛街、做头发或者做美容，反正就是等我放学。妈妈很在乎晚餐，晚餐有我陪她聊天，她喜欢那种点几道菜可以坐很久的店，一边聊天，一边吃饭。”

在若娃的协助下，我很容易在脑海中勾勒出杨太太的一天，很明显，她是个日子不虞匮乏，却也孤单寂寞的人，女儿去上学的几个小时，她无聊到四处打发时间。

紧接着，若娃神秘兮兮地笑了笑：“偷偷跟你说，妈妈以前很瘦，拍婚纱照那天，她还不到五十公斤，现在胖了至少二十公斤，你就知道妈妈晚上有多能吃了。老师难道没有发觉，我们常跟你更改上课时间，叫你晚半小时再来吗？那是因为，有时老师快来上课了，妈妈却还在吃甜点。”

语毕，她笑起来。

她觉得母亲为了多吃几口晚餐，打电话请家教晚点来上课，这件事很好笑。

她并不知道，她所描述的这个情境，造成我多大的困扰。

杨太太经常在课程开始前半小时匆忙打一通电话过来：“老师，不好意思，还在忙呢，可否晚一点再来？”她要我等待的时间不一，短则十分钟，长则半小时。以前，我宁愿相信真有重要的事情耽搁了这对母女的行程，若娃却诚实地告诉我，事情并不如我所想。

我有些不悦，可是，若娃没有错，我不能迁怒她。

“好吧，除了逛街、吃大餐以外，你还喜欢做什么呢？”

“嗯……”若娃偏着头，认真想了一下，“看韩剧！我和妈妈每个晚上会一起看韩剧，今天要上老师的课，妈妈八点就会先看别的节目，等到十一点再跟我一起看重播。”

“十一点？那看完都几点了？”

“一集有一个半小时，看完大概十二点半，偶尔一集会延长到两个小时，看完就是一点了。”若娃似乎真的很喜欢韩剧，在五分钟内，便向我介绍了七八部，对于每一部的风格、领衔角色和配乐等，无一不是信手拈来，如数家珍，其中她最爱的一部莫过于《秘密花园》。她还与我分享她和母亲的疯狂行为：“有一次，妈妈好不容易租到一整套《秘密花园》，我们从第一集开始看，看到凌晨三四点才睡，只花了两天就复习完全部二十集！爸爸说我们母女很夸张，上辈子搞不好是韩国人。”

不自在的感觉再次蔓延开来，某个环节出现了断层。

“你看韩剧的时候，也需要看三十分钟就休息十分钟吗？”

若娃还在兴头上，语速很快：“不需要！当然不需要！影片是租来的，没有广告，看起来很过瘾。想上厕所的时候，才会按一下暂停。第一天晚上，一口气看了快八个小时。”

空气仿佛长出小牙齿，轻咬着我的全身。

我始终没有向杨太太说明的是，在若娃之前，我其实教过几位比较典型的多动儿。

而他们的表现和若娃截然不同。

*

从此，我开始观察若娃的一举一动。我对这种心态感到不安，但又无法停止。太奇怪了，在她看小说、编手环或者陪母亲吃饭时，她的耐心会一口气长出来，安安静静地坐好几个小时也不生气；她的记性很好，你跟她提过的生活琐事，几个月下来她都能记得清楚牢靠。可是，前天才提过的公式、模拟了十几次的题型，一转身她又忘得一干二净。至于学校老师布置的功课，她会以取巧的方式完成——隔日去学校抄。

我常常看着她，脑海中闪过千百种念头，有好的，也有不好的。

有一天，若娃服药时，我禁不住好奇地问："吃这些药，会对你的身体——或者说大脑，产生什么影响吗？"

"我也不知道这药是吃来干吗的，妈妈说这是帮助我安静下来的药。"她咽下嘴里的水，口齿不清地说，"妈妈叫我吃，我就吃啊。"

"若娃，我问你……"我拿捏着说话的分寸，"你认为自己有 ADHD 吗？"

她转过头，看着我，我们眼神交会良久，她的嘴巴紧闭，眼底布满紧张。

她八成没有察觉，自己正有一阵没一阵地抠着自己的指甲。

我伤害到她了。

"没关系，你不用回答我——"我急着转移话题。

没想到，她主动打断了我："老师，偷偷跟你说，我认为我没有 ADHD。我也不喜欢谁称我'多动儿'，我并没有正常吃药，常常把药扔进马桶冲掉。”

这下子，换我哑了声，嘴巴动了又动，却一个字也说不出来。

若娃苦着脸，挤牙膏般一点一滴地吐出了真相：“我上小学时，上课喜欢放空，老师说我可能有注意力不集中的问题，建议我妈带我去找医生。一开始，我跟妈妈一个月要跑好几家医院，因为很多医院的医生都说我很正常，有注意力缺失的倾向不表示我是多动症小孩。换句话说……很多医生觉得我没必要治疗。”

听起来是值得高兴的事，但她看起来有些沮丧：“妈妈很不甘心，一天到晚帮我安排不同的医院，找不同的医生，回答不同的问题，搞得我烦死了，直到这位洪医生，她说愿意开药给我吃，妈妈才松了口气，我也不用在不同医院间跑来跑去了。”

“所以，你看这么多医生，不是每个医生都说你有 ADHD？”

“对。”若娃答得有些有气无力，“我也不晓得标准是什么，有的说有，有的说没有。只是……唉，妈妈最近又有新的烦恼了，她在找资料，想确定一下，像我这种情形的小孩，去考基测有没有办法加分，如果可以的话，她会去跟洪医生商量看看。基测加分，对我很有帮助。”

我点点头，低头在记事本上写下：“查询多动症加分事宜。”

在我安静思考的分秒间，若娃又扔了一颗炸弹过来。

“妈妈以前不是这样的，是因为哥哥不在了，她才会变成现在这个样子。”

“哥哥？”

“对啊。我有个哥哥，只是他很小就过世了。”她看了我一眼，“老师，你的表情好好笑，有那么严重吗？”

我回过神来，笨拙地点头：“是啊，我有点没办法接受，你们没有透露出半点征兆。”

“是啊，哥哥的事在我们家是大忌，一旦谁提起哥哥，妈妈会哭很久，哭到没办法停下来。我只是想强调……妈妈以前不是这个样子的，她以前很瘦、很漂亮、身材很好，工作能力也很出色，在公司有众多追求者，爸爸是其中之一。他们结婚后，妈妈想继续工作，可是外婆身体不好，只能带一个，哥哥年纪比较大，妈妈只好先把他交给保姆。有一天，保姆打电话给妈妈，说哥哥爬窗户摔下去……人已经送去医院了。”

若娃仍旧看着我，声调没什么高低起伏：“老实说，我对哥哥不太有印象，哥哥过世时，我才一岁多一点，妈妈也不太喜欢跟我谈他的事。哥哥的事多半是亲戚跟我说的，那个保姆把哥哥哄睡之后，在隔壁房间做事，哥哥睡到一半醒来，找不到人很紧张，窗户又开着，他站在床上往窗户爬，整个人就掉下去了……他在医院躺了一个星期，还是救不回来。”

我听到脚步声，紧张地往门外一看，杨太太好像正在找东西，走来走去，左顾右盼。

若娃也跟着我的视线往外看，她要我别在意，杨太太准备出门了，她约了朋友吃消夜。

我回头看着若娃，静默了半晌。

拥有秘密是辛苦的，拥有他人的秘密也很辛苦。

我与杨太太之间的互动，像是一张张幻灯片在我脑海里播映。她的漫不经心、她的心不在焉、她的寂寞孤单，对她我忽然有了截然不同的诠释方向。

她失去过一个儿子。

杨太太原来失去过一个儿子。

认识到这件事，令我感到对不起杨太太，我对不起她，我曾经把她想得这么糟，把她的一言一语、一举一动，净往不好的方向猜想。

“哥哥死了之后，妈妈辞掉工作，把我从外婆家接回来，一心一意地带我。她喜欢把我当成很娇弱的小 baby，她喜欢照顾我，怕我乱跑，出门会尽量抱着我。第一天去幼儿园，我很怕跟妈妈分开，一直哭，不吃饭，妈妈就把我从幼儿园带回家，我再也没去过幼儿园了。可是，小学是义务教育，不可以不去。有一天，正好是便服日，我穿了一件好看的格子衬衫，扣子有一颗没扣好，但是我不知道该怎么弄，只好拜托邻座同学帮忙，那个同学在全班面前取笑我，说我长这么大，还不会扣扣子。我回家告诉爸爸，他们两个大吵一架，爸爸说，妈妈把我宠成了一个没有生活自理能力的笨蛋。”

“你爸的疑虑也是很正常的。”

“我知道，爸爸在说什么我全部知道。”若娃有些不快地把桌上的橡皮擦推开，橡皮擦滚啊滚，掉到地上，新光三越买的，上头的标签写着三十元。

外头传来铁门卷动的声音，杨太太出门了。

“可是，我不能不管妈妈啊，她需要我，她想照顾我！”若娃有些生气地抬高音量，“不按照她的意思做，她会很难过。所以，老师你懂吗，我不能没有ADHD，我不是在开玩笑！你没见过我爸以前的模样。我刚进小学时，每一科都是倒数。爸爸看到我的成绩单，第一次气到想打我，他说他这辈子没见过这种分数，可是，他又说一切都是妈妈的错，妈妈整天带我去逛街、吃餐厅，学前教育没做好，又不让我上幼儿园，学习才会落后同学一大截。妈妈被骂之后很伤心，躲在房间里不出门，也不让我进去看她。我想帮她……可是我又不喜欢念书。”

“然后呢？”我问，听到这里，隐约有条线串了起来。

“隔几天，妈妈问我为什么不认真读书，我说：‘我不喜欢待在教室里，上课的时候好安静，我好害怕太安静的地方。’老师也说我上课放空的时间很长，或许有注意力的问题。妈妈怀疑我有多动症，带我跑了很多家医院，到洪医生这里才停下来。妈妈拿着药跟爸爸说，我这种小孩很辛苦，跟一般小孩不一样，不可以拿一般的标准来要求我。”

“爸爸也认同了妈妈的说法？”

“爸爸最初很抗拒，他不相信我有ADHD，叫妈妈不要一天到晚让我吃这些药。可是，爸爸很忙，没办法分太多时间给我，几年下来，他也慢慢接受了。如今，爸爸完全不管我的成绩，他说，我不要太勉强自己，开心就好了。我们家不缺钱，我长大了也不需要工作，既然如此，学历对我而言不是太重要。”

若娃停下来，她又有一阵没一阵地抠起了指甲。

“前几天，爸爸跟我说，我长得很漂亮，不用太担心未来，只要把自己打理得漂漂亮亮的，找一个经济条件不错的男朋友，找不到的话，爸爸也会养我一辈子。”

“那你想过这样的生活吗？”我开口，声音粗糙得像磨在砂纸上。

“我不知道。”她转过身，双眼盈满困惑，“老师，我真的不知道，我不知道什么是对的，什么才是为我好。”

*

“多动症”可能是一个标签，也可能是从天而降的神仙索。

没有是非对错，我们必须让自己的每一天过得更舒适、更心安理得。

我们必须让自己不那么害怕明天的降临。

很多人想问，若娃最终考得怎样？去哪里了？

对于执着于结果的人，我可以说，我没有辜负若娃母亲的标准。但那不值得夸耀，毕竟那是个很低、很敷衍了事的标准，甚至辜负了“标准”一词。

我更想说的是，若娃最终去哪所学校就读一点也不重要。她的父亲是证券公司的高级经理人，他和妻子如今只有一个孩子，他不会让唯一的孩子受苦。

我可以想象得到，这对夫妻早已拟妥一份关于资产的规划书。纵然他们先后离世，若娃也会有一笔足以供她一辈子维持现状的财富。

无论她去了一所很好的学校还是很糟糕的学校，都不会影响她的人生，她的人生已经定型了。她只是换了一个时空，发呆，放空，等下课，每个夜晚，陪着孤单的母亲，在不同的餐厅里品味精致的餐点。三年后，当她再度面临大考时，杨太太可能会上网重新上传资料。

之后，这对母女在家等待，等待一张新的面孔来按门铃。来者可能很年轻，也可能有点年纪，总之，杨太太会对来者如此说道："我的标准很简单……"

那张价值三十来万的原木方桌，届时应该还在。杨太太或许会倚着桌子，表情丰富地讲解，就像对我那样，她会再复述一次"多动儿"的症状与处理方式。

第 4 个家
私的迷思

穿上这制服，有一种格格不入的压力。

Private value

我从没见过这么疲惫的一双眼睛。

表面上，他看着我，但他的思绪其实早已飘到很迢遥、谁也不知道的疆土。

偶尔，他会开口询问："我女儿最近的情况好吗？"更多时候，他只是挤出一个不自然的微笑，搔搔后脑勺，看着我，不知道要说些什么才好。他总是工作到很晚，下班之后，他顶着两丸泛红的眼球，探头进来，确认一下我们上课的情况，会很正经地跟我致歉："老师，不好意思，我要先睡了哦。"之后，他会转头看向巧艺，用有些严厉的声音命令她，"巧艺，待会儿送老师出门，要有礼貌知不知道？"

他往浴室的方向走去，沿途，他止不住地抓后脑勺。看着他蹒跚的背影，我才发现，巧艺的爸爸头发掉得很厉害——从后方可以看见有些区域秃了，亮出泛白的头皮。

他步伐沉重地移动着，用力用指甲抓着头皮，发出令人不安的声音。

现在想来，那显然是某种信息：他已经超载了。他想要一段属于自己的假期。他不需要搭上飞机或游艇，抵达某座热带岛屿，光是待在自己的床上，好好地睡上一段超过十二小时的觉，他就能感到幸福。但他不能休息，这个家需要他。

台湾的就业环境渐趋严苛，他也有些年纪了，他得以更长的工时来证明一件事情：他不会被这残酷的社会淘汰。他无法想象自己有一天将成为“失业人口”中的一员。

*

巧艺是我的第二个学生，一位学姐太忙了，把自己刚接下的工作转给了我。现在回想起来，巧艺父母给的时薪不够多，但在学姐慎重的拜托之下，我也抱持着认真的态度接下这份工作。在巧艺之前，我教过一个初中女孩，但时间太短了，对那名女孩的印象不深。

我时常把巧艺记成我的第一个学生。

一进巧艺家，我很快注意到，这个家平常只有她一个人。

她的母亲目前在娘家的茶园工作，自然也住在娘家。平时的每个周末，母亲会带着儿子北上与丈夫和女儿重聚。农忙季节，母亲最久得一个半月才能回家一次。

“这样分开居住，感觉好辛苦啊。”

“没办法，我和弟弟都在念私校，需要很多钱，爸爸说妈妈也得出去工作。可是，妈妈学历不高，也跟职场脱节很久了，她之前找的工作都很糟，外婆叫妈妈干脆回去帮忙采茶，她付的薪水比妈妈在台北问到的好得多。”

“弟弟呢？”我问。

“跟妈妈住在一起，妈妈说爸爸一个人照顾两个太累了。”

巧艺的语气倏地冷了下来，我想她很羡慕弟弟吧。

我只比巧艺大上两三岁，为了让我们相处起来活泼一些，我请她称我“姐姐”。也因为这个亲昵的称谓，连带影响了我们之间的互动模式，我指导她的课业问题，与她分享我的求学经历，她也会与我讨论私底下的生活。

巧艺很孤单。

这个家的女主人长期不在，男主人工作时间又长，环境于是变得凌乱且昏暗。

每次上课，我跟着巧艺的脚步，见她一一打开玄关、客厅的灯。光线打下来之后，很难忽略桌上堆叠的各式信件、缴费单和广告宣传单。巧艺没有整理，也没有人教她如何整理、分类那些信件，她只是把它们从信箱里整沓拔出来，再扔到桌上。

“你晚餐吃什么？”

她指了指桌上的塑胶餐盒：“超市的微波食品。”

“每一天？”

“大部分。”她沉思了一下，做了点补充，“有时候会吃麦当劳。”

“怎么不和同学一起吃晚餐？”

“爸爸不允许。”巧艺翻了个大白眼，“他看了太多电视新闻，被搞得紧张兮兮。他有偏见，觉得年轻人聚在一起就会做出危险的事来。所以，他规定我一下课就必须马上回家。一个星期有一两天，他会打电话回来查勤，确定我到家了。”

我想起那双疲惫的眼睛，无法告诉巧艺她父亲的做法有什么不妥。身为一个必须工作到八九点才能回家、家中又只有他与女儿的父亲，他得把女儿管好。

巧艺的身上穿着充满设计感的漂亮制服。

她在离家十站路的私立高中就读，那所学校的风评向来很好。每一年，大学录取结果揭晓，这所学校的外墙便高高挂起红幅，出色的录取名单很能吸引路人的目光。

我认为巧艺很幸福，在我眼中，读私校隐约就是一种“与众不同”的宣示。

这种观点与我的背景有关，我的母亲曾经很直白地表明，私校太贵了，她不会出钱供我念私校。

一次上课，我进入巧艺的房间。

床上、桌上和地上，散布着胶水贴纸和剪得零碎的彩色纸片。“老师，再等我一下，我快好了。”巧艺跳到床上，盘腿而坐，抓起剪刀与一张桃红色的西卡纸，飞快地裁起纸张。

我坐下来，随手拿起一只边缘修得很圆滑的爱心：“你在干吗？”

“我在做生日卡片。”巧艺捶了捶肩膀，“昨天熬夜做了三小时，还剩下一些装饰，只要再写上祝福的话语，这次的卡片就完成了。”

我瞧了一下书桌上的半成品，虽说是卡片，却更像是一本小手册，有封面，也有内页。内页主要是某个女生的照片集，有个人照，也有她与巧艺的合照，每张照片旁边都有巧艺取的标题，例如：“在百货公司玩起自拍的我们”“段考结束了，在桌子上呼呼大睡的你好可爱”，等等。书背的边框粘着芥末绿的纸胶带，正中央有一行金色的马克笔字迹——“要当一辈子的好朋友”，字旁边贴满了细碎的小水钻。

我把玩着那本手册，对巧艺的手工很是惊艳：“是谁过生日？看你这样大费周章。”

巧艺仍专注于手上的西卡纸，没有看我，嘴巴里吐出一个人名。

“她是谁？你很好的朋友吗？”

“还好。”巧艺迸出了令我意外的答案，“算是普通交情。”

“只是同学，干吗做这么精致的卡片送她？”

巧艺没有搭腔，她站起身，打开衣柜，从中取出一个喜饼盒。巧艺打开那个盒子的瞬间，我的眼睛也跟着亮了起来。毋庸置疑，那是一个少女的百宝箱。里面躺着安娜苏的小香水、S牌的水晶项链、偶像明星的卡片、几枚小吊饰，等等。

巧艺的眼神很温柔，这个小盒子里收集了她所有珍藏的小物。

巧艺拿起其中一条白底蓝点的小手帕，放在鼻间吸了一口，露出心满意足的笑容：“这是今年那个女生送我的生日礼物，姐姐猜猜看，要多少钱？”

“五百？”我不太诚实，因为我心中浮现的数字只有三百。

多出来的两百是不想辜负巧艺期盼的目光。

巧艺用力摇头，兴奋地纠正我，语气几乎是炫耀了：“不，不，这条要一千二！”

我从巧艺手上接过那条手帕，就着炽白的桌灯，仔细端详。

“我不懂，就只是一条手帕啊……”

巧艺把手帕拿得更近些，指着一行绣字：“姐姐看不出来吗？这手帕是K牌的。”

“我认识的品牌不多。”

“是吗？”巧艺的脸蛋垮了下来，我的反应令她很失望。

她轻手轻脚地把手帕折好，放进盒子里，合上盖子，抱着盒子叹了口气。

“姐姐，我觉得我家实在太穷了。”

我眉头一皱，巧艺的思路转了一个大弯，害我有些跟不上。

巧艺有些怨怼地说：“我最好的朋友……她的妈妈在这学期捐了三十万给学校，老师很开心，在全班同学面前表扬她。回家后，我问爸爸，可不可以也捐十万？爸爸说不行。我让步，改问捐五万好不好？爸爸非常生气，骂我不知感恩……”

我聆听着，心中涌现奇妙的情绪。

巧艺看了我一眼，问道：“姐姐念过私校吗？”

“我上的幼儿园好像是私立的，太久了，有点忘了。不过，从小学到大学，我都是念公立的。”

巧艺幽幽地说道：“姐姐，你知道吗，我真羡慕你……”

“羡慕我？你疯了吗？”我失笑，摇了摇头，“拜托，多少人羡慕你。”我指着挂在书桌旁边那一身好看的制服，“别的不说，光是你身上的制服，有多少人想穿啊。”

“可是，没人知道……”巧艺苦着张脸，“这制服带给我多少压力。”

“压力，你是指读书的压力吗？”

除了亮眼的治学绩效，那所学校的课业压力也很出名。

“不是读书的压力，是一种格格不入的压力。”

巧艺的表情很认真，她不是在开玩笑。我收起笑脸，以相同程度的严肃回应她。

“格格不入的压力？”

“嗯。”她轻轻地点头，眉头蹙起，嘴开了又闭，像鱼缸中吐泡的金鱼。

片刻后，她才有些不情愿地开了口：“姐姐，我初中才开始读私校，也就是说，我小学念的是公立的，那时我很幸福，同学们都说，爸妈对我很大方，还会带我到国外玩。进入私校之后，一切都变了，在私校，大部分同学认为旅游是很平常的事情。我的父母反而告诉我，私校的学费很贵，他们无法再带我跟弟弟到国外玩了。我很受挫，第一次明白我家其实并没有钱，跟私校的同学一比，我家搞不好还算是穷的。”

“巧艺，你在说什么傻话啊。”我拍了拍脸颊，无法接受她有这般想法。

“不，姐姐，你听我说，我不是在无病呻吟……”她的脸和耳朵也红了起来，急着想要说服我，“你知道吗，读这所学校的学生，家里都有钱到爆炸，有的家里开公司，有的父母是医生、教授或律师，包括某官员的女儿也在这家学校。假若他们知道，我爸在拉保险，我妈在茶园里采茶，一定觉得很不可思议！”

我没有说话，她看起来很激动，眼泪在眼眶里打转，她很努力地不让眼泪掉下来。

“职业是没有贵贱的，父母也是没有贵贱的。”

踌躇良久，我只能软软地吐出这句没什么说服力的话。

“我不是说我父母不好，我的意思是读私校把我搞得很心烦。我不得不去想，我和其他同学根本就是不同世界的人。他们动辄送出好几百，甚至上千元的礼物也不会心痛，我不是，我没这么多零用钱，我没办法回送等值的礼物，只好认真做卡片。大家以为我喜欢做这些，才不是呢！做一本这个，要洗印照片，找贴纸，想祝福的话，我一想到就很烦。”

“你可以告诉他们，请同学不要送这么贵的礼物。”

“不——姐姐，你实在很不了解这里面的生态。我宁愿做卡片做到死，也不想被他们发现我跟他们的不同。唉，爸爸说我很自私，弟弟之后要回台北念书，妈妈搞不好也会一起搬回来，不在茶园工作了。届时家里的收入变少、支出变多，凡事都是钱、钱、钱，我竟然还在想捐钱的事。”

原先，对于巧艺的言论，我心底有些不以为然。然而，了解了她的心境，我再次环视这个房间，撒满床的纸花纸片、裁剪下的照片边缘、散落一地的美术用品，以及坐在中间一脸无助的巧艺，我有些明白了，她是真的很辛苦。

一次，巧艺要求星期天加课，我首度在周末时段前往她家。

下课后，经过客厅，难得地，客厅里坐着一位妇人和一名小男孩，小男孩目不转睛地看着电视，妇人则看着我。我站在原地想了三秒钟，才意识到妇人是巧艺的母亲。

妇人露出友善的微笑，从沙发上站起身。她把巧艺唤过去，递给她一张钞票：“去转角那家店买泡芙给老师吃。”

巧艺温驯地点了点头，正要往玄关走，她母亲拉住她的手臂：“带弟弟一起去。”

电视前的小男孩发出不甘愿的声音：“姐姐自己去就好了。”

妇人的声音轻柔，却带有不容拒绝的威严：“快点，把电视关掉，跟姐姐一起去。”

少了电视的干扰，姐弟俩也离开了，客厅一下子变得很安静。

“老师，先坐下来吧，那家甜点店要排队，他们至少要四十分钟才会回来。”

巧艺的母亲给我倒了杯水，坐在我左侧的小沙发上，她双手交握，忧心忡忡地看着我。

她有话想对我说。

我全身僵硬地坐下，不敢说话，她的出现太突然了，不在我预期之内。

见我这样拘谨，她先释放出善意：“老师，我要先谢谢你，你的学历很好，又很愿意花时间听我女儿讲话，你来之后，巧艺时常在电话中提到你，她一直很渴望有个说心事的对象，现在，有你的陪伴，她在家也不会那么孤单了。”

我点了点头，困惑地注视着她，她特地与我独处，不可能是为了说这些。

看穿我的疑问，她沉默了几秒，像是下定了什么决心，再次开口时，便切入正题：“老师，这些日子，巧艺有没有跟你说什么关于家里的事？”

“哪方面？”家里的事，这四个字涵盖的范围太广了。

她清了清喉咙，把话说得更详细：“她有没有抱怨家里的一些情况？我这孩子最近不知道怎么搞的，对我爱理不理，问她什么也不好好回答。这也没关系，我知道我平常跟她分隔两地，她有怨言在所难免。可是前天晚上，她在电话里骂我笨，说我不够关心这个家。听到这句话，我吓得没心情做事，等弟弟周末放假，我赶紧带着他跑回家。今天早上我问巧艺，她也只是冷冷地看了我一眼，叫我自己去想。”

她自嘲地笑了笑：“我丈夫是个不苟言笑的人，电视新闻又看多了，整天在那里胡思乱想，长期下来，巧艺也不愿把自己的事情跟她爸说。至于我，她内心多少有些埋怨，这一次也不太想跟我谈。老师，你可能有印象，这孩子近日有没有跟你说些什么？我晚点要回娘家了，最近娘家也忙，我回台北，也是把很多事丢给我父母做。巧艺的事再没有头绪，我也只能悬着一颗心去搭车了。”

在她脸上，我读到跟巧艺的父亲十分相似的情绪：疲倦。

这也是一张饱经风霜的脸。根据巧艺的说法，她的父亲今年四十六岁，母亲小父亲四岁，换句话说，眼前这位女性，也不过四十出头，却已顶着一头枯黄干燥的发丝，皮肤很明显地缺乏水分与弹性，一些白斑错落在她的颧骨上，不晓得是天生，还是因为忙于工作而无暇做好防晒。她低头时，几绺花白的发丝就穿了出来，垂落在她的额际，使她看起来足足比实际年龄大了十岁有余。巧艺的妈妈双手用力搓揉着泛红的指节。

在那一刻，我想起那个画面。巧艺的父亲也时常把手放在后脑勺上，指尖深陷进发梢，我仿佛又能听见指甲刮在头皮上的声音。

我知道发生了什么事。

几个星期前，巧艺的态度开始变得很古怪，说起话来意兴阑珊，不如以往精神。我问她发生了什么事。她只是“唉”了几声，挥挥手要我别过问，继续上课。

她的反常持续了三四堂课，作业没写的情况也渐趋严重。

有一天，我才刚踏进巧艺家，她一看到我，泪水就迅速在眼眶中累积。

“姐姐，我怀疑我爸他……快要失业了。”

“你怎么会有这样的想法？”我把包放下，立即走到她身边。

“上上星期，学校要抽验作业，抽到我的座号，但我忘记带数学作业了。我趁午餐的时候，偷偷搭出租车回家拿。到家时，我看到爸爸还穿着睡衣，躺在沙发上看电视，桌上放着一瓶高粱酒。爸爸看到我，也吓了一跳，他说，他人不舒服，所以请假在家休息。”

巧艺吸了吸鼻子，说了下去：“我要出门时，我爸又把我喊住，要我答应他，不可以把看到的事情告诉妈妈。我觉得有些奇怪，但爸爸既然说他只是生病，就姑且当作他是生病好了。直到刚才，我回家经过管理室，管理员伯伯问我，爸爸最近还好吗？车子停在地下室很久了。我问伯伯，爸爸没有去上班吗？伯伯说应该没有，爸爸这阵子到了下午才出门，身上虽然穿着衬衫，可是手上没有提公文包。”

“你跟妈妈说了吗？”

“没有。我哪敢。”巧艺的眼泪终于掉下来，“我叫伯伯先不要跟妈妈提这件事，妈妈要处理的事情够多了……姐姐，我是不是不应该读私校，我快要把家里的经济拖垮了……”

“你先不要想这些有的没的。”我急急地打断巧艺，怕她无止境地悲观下去。

然而，她做不到。

对于自己就读私校一事，巧艺的罪恶感越来越深。她歆羡同学的心态更严重了，不仅歆羡同学家境的富裕，更歆羡他们的无忧无虑。

终于，她承受不了这么多的罪恶感，母亲则成了她情绪的出口。

此时，巧艺的母亲双目微湿地看着我。

她正在期盼，期盼我能让一切混沌拨云见日。巧艺不会说的，若我也保持沉默，她就得带着遗憾返回娘家。

等我回过神来，我已经说出口了，只是我说得很委婉，详情留待巧艺补充。

她们是家人，家人有家人该说的话。

听完之后，巧艺的母亲眉头一展，竟然笑了。

“女儿太小看我了，她爸最近的情况，我心里多少有底。我不说是不想给丈夫压力，大环境不理想，哪个行业没受到波及？再说，家里的情况，没有巧艺所想的那么糟糕。我在娘家工作前后快六年，现今手头也有一笔钱了。她有些多虑了。”

闻言，我也松了一口气。

巧艺没有夸大，她的母亲确实很坚强，是支撑起这个家的支柱。

“阿姨，我可以问一个问题吗？”

“当然，你可以问啊。”

“为什么你那么坚持把小孩子都送去念私校呢？”

问题的下半段，我藏在心底。

我更想问的其实是：把小孩子送去私校，是为了满足个人的虚荣心吗？

巧艺卖命剪纸的背影、她的压抑与自卑、她的眼泪，我都看在眼里，不免起了一种自大的心态，想要“纠正”巧艺的母亲，想要告诉她，她要女儿去念私校，带给女儿多大的痛苦与不安。

面对我尖锐的问题，巧艺的母亲愣了一下，抚着脸，沉吟了一会儿才徐徐说道：“没错，你可能会觉得我们不自量力，没那个本钱，还硬要把自己的儿女送去私校就读。但是，我们这么做，也是迫于无奈。老师，巧艺跟你提过，我和我老公的学历都很低吗？”

我摇头，关于这一点，巧艺没有透露。

“年轻时，我们不太会想，觉得读书好无聊就放弃了，我老公高职毕业，我最高学历只有初中，长大一点才知道学历很重要。先说我老公，这些年，保险业竞争很激烈，业务员一个比一个年轻、学历一个比一个好看，我老公有个同事还念到硕士。反观我老公，年纪有了，学历又不漂亮，讲话的说服力就输人一截。我自己更惨，最高学历只有初中，巧艺的弟弟上小学那阵子，我想出去工作赚钱，毕竟栽培小孩很花钱。之后的事情巧艺八成也跟你说过了，我丢出很多简历，可是叫我去面试的工作都很糟，娘家看不下去，要我回老家采茶。”

见我茶杯空了，巧艺的母亲站起身来，打开冰箱拿了一瓶葡萄汁给我。

她自己也拿了一瓶柳橙汁，插上吸管喝了一口，便抓紧时间地说了下去：“我跟丈夫很早就约法三章，不能让小孩走上我们的路，可是，我们自己也不会念书，怎么教？巧艺小学六年级那年，拿一张英文考卷来问我，整张考卷我看得懂的字没几个。我跟她说：‘妈妈不会，你可以去问老师。’巧艺回答我：‘可是老师不喜欢我们占用她的下课时间。’她那失望的表情，我这做妈的，看了真是心如刀割……”

“可以跟老师反映看看？”

“不行，这种方式很危险，一个不小心，巧艺会被老师盯上。我不想让老师认为我是个‘要求很多’的家长，再说，这么简单的英文也不会，是我自己的错。”

“所以，阿姨就决定让巧艺之后念私校了？”

“对。我听人家说，私校的老师比较积极，教学方式比较活泼。重要的是——私校很在乎家长的感受，一旦对哪个老师的作风有疑虑，可以马上提出意见，校方也会很正经地面对，跟公立学校的风气大不相同，我听了就很心动，觉得自己再怎么拼命，也一定要让自己的小孩享受到不错的教育环境。巧艺小学一毕业，我就把她送去私校，她弟弟也比照办理。”

她叹了口气：“我比所有人都清楚，这样的支出是不小的负担。我不晓得巧艺是怎么想我，想她爸，想这个家庭的。我只在乎一件事，我想给他们我觉得最好的事物。巧艺现在可能很不满，但多年之后她再回头看时，说不定会有不一样的想法。”

玄关传来喧闹的声音，巧艺带着弟弟回来了。

巧艺的母亲换上笑脸，起身去给一对儿女开门，即使她脸上深凿着劳碌的风霜，眼中却闪着熠熠的光芒。在那一刻，我可以感受到她非常爱她的小孩。

*

巧艺考上了排名颇为靠前的公立大学。

这不能算是我的功劳，是她自己的。

考前几个月，她很坚定地告诉我，公立大学跟私立大学在学费上的差额，多少可以贴补弟弟就读私立高中的学费。之后，她全心全意以公立大学为目标。

发榜那天，巧艺的母亲打了通电话过来，这是我们第二次谈话：“老师，我不晓得该怎么跟你说，我从来没想过，我们家有人可以念到这么好的学校。很抱歉，我最近还是很忙，没办法请老师吃饭，但我给老师准备了礼物，很简单啦，希望老师不要见笑……”

我请巧艺吃饭时，巧艺交给我一个纸袋，脸色有些尴尬。

“姐姐，你不要太期待，不然你会失望的。”

我撕开纸袋上头的淡紫色纸胶带，是一盒手工巧克力饼干。

“妈妈亲自做的。我跟她说你喜欢吃巧克力。”

“哇，好贵重的礼物。”

“哪有，材料费加一加搞不好不到一百元，很便宜好不好。”

巧艺的嘴里还有食物，她的话全黏在一起。

我想起那条手帕，那条一千二的白底蓝点手帕。我也想起那对任劳任怨的父母，他那日益光秃的后脑、她微白的发丝，还有他们夫妻俩共同拥有的标记：一双疲惫的眼睛。我突然感到情绪非常低落，但我没有表现出来，今日聚餐是为了庆祝巧艺考完试，我不想破坏气氛。

在故事一开始我提过，我经常把巧艺记成我的第一位学生。

有一种说法是，踏入任一职场环境时，最初的工作经验会影响到这个人之后对这份工作的理解与心态，我个人很认同这一观点。巧艺带给我的影响，有正面的，自然也有负面的。在巧艺之后，我掉进一个教学上的窠臼，我自以为可以复制类似的成功经验，但我错了。

在巧艺之后，我进入一个富裕的家庭教书，学生正是巧艺口中“有钱到爆炸”的孩子。

那个学生很调皮，前几堂课，罔顾我的臭脸，一再低头玩手机。

有一次，我忍不住动了气，提高音量训他：“你再这样下去，我很难跟你父母交代。”

那位学生终于抬起头来看我一眼，片刻后，他露出微笑，现出小小的虎牙：“老师，你不用太紧张啦，反正我考得再烂，我爸还是会帮我的。我姐之前也考得不怎么样，我爸打一通电话，还不是进去 D 学校读书了？老师，你放轻松一点嘛，不要给自己太大压力，OK？”

他甚至比出一个 OK 的手势。

在那个瞬间，我强烈地思念巧艺，思念那对为了子女而奔波的父母。

巧艺没有多少退路，相反地，这位学生的父亲给他铺好了太多条退路。

我也想起巧艺母亲的那句话：“多年之后她再回头看时，说不定会有不一样的想法。”

第 5 个家
他没有家了

这世界上最伤人的话是什么?

“其实当初生下你不是我的意思。”

The fragile world beneath

来挑选一句话吧，一句世界上最伤人的话。一句话就叫人痛彻心扉，像是被谁从中刺穿，穿破肺叶，再也无法好好说话。要我选，我认为那句话应该是：“我一点也不在乎你。”

我不是原创者，这句话是白瑞德教我的。

《乱世佳人》中，受不了郝思嘉反复带来的伤害，白瑞德在故事最终，对着深爱多年的郝思嘉如此说道：“Frankly, my dear, I don't give a damn.”（坦白说，亲爱的，我一点也不在乎了。）这句话曾经在美国电影协会的民意调查中，拔得“百大电影经典名句”的头筹。

“所以，”我刻意放缓语速，“就是这句话了，‘我一点也不在乎你’，特蕾莎修女不也说过，‘爱的反面不是恨，是漠不关心’？就是这句话了，再也没有比这句话更伤人的了。”

坐在对面的陈小乖扁着嘴，死死地瞪着我，一副不以为然的样子。

“不然呢？”我没好气地反问。

陈小乖把视线从我身上移开，转向窗外。此时已经是十点零三分，季节快要入冬。我跟他坐在星巴克里，桌上是两杯星冰乐。星巴克是陈小乖指定的上课地点，星冰乐是他最中意的饮品。不过，桌上的星冰乐已经放了近三个小时，融化后的奶油与冰块混合在一起，成为一种浓稠的甜腻液体。我起身去倒水。

课程原定九点结束，陈小乖还不想回家，他在九点十分时拜托我九点半再走，于是我多讲了一段，到九点半，他又改口说十点再走。我已经有些疲倦，想回家了。

我问陈小乖：“你今天是怎么了？”

他不说话，神情有些异常，欲言又止。九点三十五分，在我胸中的不耐烦即将爆炸的前一秒，他开口了：“老师，我问你哦，你觉得这世界上最伤人的话是什么？”

“我不想回答你，我很想睡，也没有义务回答这个问题。”

“你回答，我就回家，你也可以回去睡觉。”

陈小乖的眼中有难得的执着，他之前不曾用这种眼神注视我。我有些困惑，不懂这个问题的意义，但我必须摆平他，让他满意。唯有让他彻底地服气，我才能早一点碰到我软硬适中的床。几分钟内，我的倦意又上升了。

九点四十七分，我交出答案，并尽责地花了十分钟简述郝思嘉与白瑞德之间难解的纠葛。陈小乖该接受我的答案的，毕竟

《乱世佳人》逼出我不少青春的眼泪，陈小乖也青春，他才十四岁多一点，应该会懂。

可是他不喜欢我的答案：“不对，这不够伤，这不是最伤人的话。”

我心中的负面情绪一点一滴地攀升，早在一小时前，我就该离开这里，上课时间早已结束了，换句话说，不必履行家教的义务了，我下班了。

“那你想出一个更好的答案啊！”我的语气不太友善，几乎是挑衅了。

陈小乖侧过脸，没有看我。

他没有说话，我越来越烦，搞不懂他究竟在玩什么把戏。

他再次开口时声音非常细微。

“这个问题的答案或许是，有一天，你的母亲告诉你：‘其实当初生下你不是我的意思。’听到这句话，你会觉得……你的世界从地板开始裂开，你不晓得自己可以站在哪里……”

*

陈小乖是我最奇特的案例。一个平凡无奇的夜晚，我接到一通电话，甫接起，对方劈头就是一串飞快的自我介绍：“我是张胖胖的同学，我看到他最近模拟考进步很多，他说是有你在帮忙，感觉似乎不错。我跟张胖胖问了你的电话，打算找你来当我的家教。噢，对了，我叫陈定维，你可以直接叫我小乖，大家都叫我小乖，你叫我陈定维，我反而有些不自在。”

我眉心一皱，把手机拿开一点，看了一眼来电号码：陌生的数字。

我不禁怀疑这是一通恶作剧，但张胖胖确实是我的学生。

“张胖胖在你旁边吗？叫他接电话。”

“他怎么可能会在我旁边？已经很晚了。”

“那你的父母呢？”我耐着性子。

“我的父母？”话筒另一端的年轻声音有些错愕。

“既然你说要找家教，照理讲该由你的父母来与我接洽吧？”

“他们根本就不管我，我想做什么就做什么。反正我请家教也不是坏事，他们不会有意见的。再说……”声音顿了一下，“我的父母很忙，没有时间面试你。”

“没时间面试我，那发薪水的时候怎么办？”

“我会给你薪水。”声音微微上扬，可以想见话筒另一端的神气。

“你？”我算了一下，既然跟张胖胖是同学，也才十四岁。

“你不用担心，我会跟我的父母‘请款’，他们给我钱，我再把钱交给你。我跟我目前的数学家教也是这么做。然后啊，时薪随便你开，只要数字不要太夸张，我的父母不会跟老师计较金钱方面的事。”声音又顿了一下，轻松地说道，“我的父母很有钱啦，你不用担心，就像我目前的数学家教时薪一千元，你也可以讨论看看啊，我父母不会省这种小钱。”

我眉心一皱，和这孩子的通话时间越长，我越受不了他说话的方式。

“好，我知道了，给我几分钟，待会儿再跟你联络。”

挂断电话之后，我看了一眼时钟，九点。

思索了几秒，我打给出卖我的张胖胖。

“哎，你怎么没经过我的同意，就把我的手机号码给别人？”

“因为陈小乖一直问啊……”胖胖自己也很委屈似的。

“这个陈小乖到底是谁，为什么他说话这么嚣张？好像很怕人家不知道他家里很有钱似的。”

话筒里传来胖胖厚实的呵呵笑：“他家是真的很有钱啊！”

像是想到了什么，胖胖压低了声音：“可是，老师，我跟你说，你如果有时间啊，可以教他一下，因为我觉得，他其实很可怜……”

“为什么？”

“我听同学说的啦，我自己也不是很确定……听说他家有点奇怪，爸妈好像没有住在一起。他的妈妈来过我们学校一次，穿得很像酒店小姐，我们班都偷偷在传，他搞不好是酒家女的私生子。老师你刚刚接他的电话，他开口闭口都在说家里多有钱对吧？不要觉得奇怪，他在我们班也是这样，一天到晚炫耀自己的衣服、鞋子有多贵。我觉得啊，他内心搞不好很空虚，只好用这种方式来留住身边的人。全班同学都很清楚他家很有钱啊，会跟他交朋友，还不是想看看能不能得到什么好处，跟陈小乖出去，他心情好的时候会请客哦。”

胖胖的叙述，不知怎么，轻敲到我内心深处。

九点半，我用短信回复陈小乖：“我可以教你，时薪就参照胖胖的。”

不到一分钟，我就收到他的回信，没有文字，只送来一枚笑脸。

陈小乖开宗明义地指出，我们不能在他家上课。理由是家里很乱，不好意思见客。于是第一堂课，我们约在星巴克，距离他家大约一公里。

“你怎么来的？”他抵达之后，我问。

“搭出租车。”

“这么短的距离也搭出租车？”

“对啊。反正这么短的距离司机也载啊。”他耸了耸肩，一副不置可否的姿态。

我几乎要被他吊儿郎当的态度给激怒了。

胖胖的言语适时自耳边响起，我按捺住脾气，坐了下来。

第一堂课，我通常会建议学生准备以往的成绩单，好方便我快速检视一下该学生的学习情况，也可以依照学生的科目强弱，搭配出相对应的读书时间。陈小乖的成绩很优秀，数学成绩很出色，语文、社会稍弱。我稍微观察了一下，只要加把劲，第一志愿也是有望的。

但我把这些藏在心底，陈小乖不是那种需要赞美的学生。

他有些太骄傲了。

*

几堂课下来，我发现陈小乖很在乎钱。

认识未及一个月，他就很正经地问我：“老师，假如我考上第一志愿，你会送我什么礼物？”

“我什么礼物也不会送给你。”

“啊？这么小气……我奶奶已经答应我，考上第一志愿，就给我五万哦。”

他鼻孔朝天地比出五根手指头。

我看着他，问道：“小乖，你觉得考得好，是为了自己，还是为了取悦别人？”

他停了一下，表情很挣扎，答得有些犹豫：“我不知道，但假如我考得好，我很开心，大家也会很开心，我又能拿到很多礼物，这样不好吗？”

“小乖，我是这样想的，这是你的人生，就像是你有一块田，你认真去耕耘，最后结出漂亮的果实，这些果实就是你个人最好的礼物。别人看到你长出很好的果实，也许很开心，送你贵重的礼物，但也可能他的财力有限，只能给你祝福。”

我想了一下，如何让他明白我的意思：“送你礼物，也许代表那个人很在乎你，倒过来想，没送你礼物，难道就意味着那个人不在乎你吗？就像我，自第一次上课至基测，我对你所付出的时间与精力，难道会因为我没有送你礼物，就跟着消失了？”

“但我还是想得到礼物……”他的语气有些闷。

看得出来，物质礼品似乎是他确认感情的方式。

“会的，小乖，我会请你吃一顿饭，但这并非你‘考得好’的奖励，而是因为你‘很认真地面对了大考这件事’，因为你完整地走过了这个过程，我请你吃一顿饭，无关成绩好坏，最重要的是你处理这个人生阶段的态度，而非成果。”

“即使考不好，还是会请我吃饭吗？”

“对啊。”

陈小乖的手支撑着下巴，没有看向我。

除了对物质的执着之外，我不得不承认，在纨绔子弟的外表底下，陈小乖在学习上像是一块吸水海绵。但凡我提过的主题，他都牢牢记在心底。他喜欢学习，对于知识的摄取也真心感兴趣，对任何领域他都有好奇心，这一点不仅反映在他拿手的数学上，哪怕是他较不擅长的语文与社会，他也抱持着开放的心态去面对。有时候，我直接指明这个课程可能已经进入高中课程的范畴，一般学生听到了会打住，但陈小乖不是，他会示意我继续说下去。他求知，不完全是为了分数。我开始不那么讨厌他，还有些喜欢他，跟他相处，有那么一些教学相长的愉悦，这是我与其他学生相处时无法营造出的。

日子一久，我也察觉到一件很微妙的事：陈小乖很少谈及父母，更精确一点说，他从来不提家人。来往两三个月之后，我对他的背景了解得仍十分单薄，只能确定他有个妹妹，他和妹妹目前跟母亲住在一起。谈到他唯一的手足，他的口吻多了一些柔软："她现在很三八，喜欢穿那种很多蕾丝的衣服，自以为是迪士尼的小公主。"

听得出来，陈小乖很在乎他妹妹。

但我也感觉得出来，"家庭"对他来说是非常敏感的字眼，每回，只是稍微地擦过这个议题的边缘，他便立刻显露出慌张的样子，急着变换对话的主题。

在我们尚未做好心理准备的状况下，小乖的母亲突然出现了。

那天，我印象很深刻。快到九点，陈小乖趴在桌子上慵懒地做着练习题，我双手抱胸靠在椅子上，课程快要结束了，我们的心情都有些轻盈。

我注意到有个女人上了二楼，起初并没有放在心上，这里是星巴克，随时都有人上上下下。但那个女人朝着我与小乖大步流星地走过来，她穿亮橘色渐层上衣，领口极低，胸部随着她的步伐呈现剧烈的起伏。

女人在我们桌前停下来。“陈定维。”她叫道。我吓了一跳。

陈小乖浑身一震，抬起头来，神色很僵硬：“妈，你怎么来了？”

听到陈小乖对女人的称谓，我飞快地从椅子上跳起来，恭敬地打招呼。

女人笑了笑，挥手表示收到了，要我坐下：“哎呀，吓到老师了，因为我刚好路过，想起今天是星期五，我儿子会在星巴克上课，可以顺便接他回家。”

女人转过去看着小乖，亲密地拍了一下他的肩膀。

“你怎么不接妈妈的电话？我找你找得很累呀。”

陈小乖转头看着我。尴尬、不安和许多难以辨识的情绪，在他脸上交替出现。他仓促地整理了一下桌上散乱的讲义与考卷，低着头跟我说再见，急急地下了楼梯。他的母亲见状，回头对我微笑致意，也跟了上去。

顺着他们母子俩的方向望去，对街停着一台亮眼的宝马。一名男子斜倚在宝马上抽烟，见到他们母子下楼，没有说话，把烟扔在地上，鞋尖对着烟蒂碾了几下，然后钻进驾驶座里。小乖的母亲上了副驾驶座，小乖打开后方的车门，先把书包甩进去，接着站在车外，指尖握着车门把手，停了几秒钟，才进入车内。

我看着，直到一个转弯，车子完全驶离视线，才回头准备离开。

下一次上课，在我开口之前，陈小乖抢先解释：“老师，上次的事情，你不要太介意，我妈平常的穿衣风格就是这样，谁都劝不动她，我外婆已经放弃说教了。”

他的神色别扭。

我点了点头，没有多想地问道：“那天来载你的，是你的爸爸吗？”

出乎意料地，陈小乖的脸色垮了下来，反应异常激动：“他——才不是我的爸爸！”似乎发觉自己的反应太夸张了，他深呼吸了几回，这才不疾不徐地说道，“他是叔叔，是妈妈的朋友，他不是我爸爸。”

我识趣地回了一声“哦”，打开手上的讲义，表示可以开始上课了。

他俯身从提包里取出题目，脸色不是很好看。

如果说，“陈小乖的家庭”是个不可碰触的议题，这就是我第一次碰触到这议题的边缘。之后，有很长一阵子，我再没遇到过他母亲。每到月底，小乖会定时交给我薪水，他的表现也很稳定，我找不到与他家人联络的必要性。

在我心中，这个议题像是一只蛰伏在地表下的怪兽，偶尔可以感觉到它的呼吸起伏、它隐约的脉动，但是陈小乖很擅长压抑，他避免话题延伸到家人的所有可能，故作轻松地把话题转到其他事物上。也有的时候，他警觉到我正在窥探他的私生活，便嬉皮笑脸地指着自己身上的衣饰，极尽夸张之能事地细数这些物件的来历、定价，是哪个国家的舶来品，是否限量版，他当初又是怎么想方设法弄来这件宝贝的。

与此同时，他的成绩稳定地往上爬。陈小乖的打扮穿搭特立独行，但对课业倒是挺讲究的，如期完成各科老师布置的作业，偶尔也会拜托我给他找更难、更有鉴别度的习题，他是个很能适应台湾考试生态的学生，喜欢题海战术，也喜欢跟我讨论出题者的想法。

他的聪明带有一些“机巧”，他想找出出题老师在玩什么把戏、设了什么陷阱，他把一切想象成打游戏，甚至试着揣摩出题老师的心思，再顺着对方的心理去作答。

在我日后与家长相处时，我会尝试给他们一个想法：不要用成绩作为衡量小孩的唯一标准。

有些小孩品行不坏，只是不喜欢碰书，排名居后了些，师长很容易给这种小孩贴上负面的标签；相反地，有些小孩的身心已经明显出了状况，但他的成绩仍维持在高水平，师长也会片面地误信这小孩的发展犹在正轨上。

会有这样的想法，是陈小乖给的灵感。

他的成绩很好，我于是说服自己，他把自己的生活经营得不错，每个人的家庭都有一两个棘手的问题，他的问题也许很小，小到不需要在意。当我这么告诉自己时，我就再也看不见从他脸上淡去的稚气、逐日减少的微笑，因为他的成绩很好。在我眼中，他有如一艘马力十足的船，只要风向正确、气候晴明，这艘船会在富饶的新大陆靠岸。我看不见这艘船的底部早已破了一个大洞。

在我盲目地驱策这艘船不停前驶的过程中，破洞一日比一日大。

一个大浪袭来，这艘船就彻底地瓦解。

进入考前倒数两百天，陈小乖的情绪跟冬天的气温一样起伏不定。上课时他变得很暴躁，几次看着我，嘴巴动了动，显然有话想说，但最终咽了回去，又摆出一张不耐烦的脸。

我好心问他，他又说没事。

有一天，他打电话通知我："我们得更改上课的地点，我要搬去跟爸爸住了。"

他约略指出一个区域，问我是否熟悉那儿。

"我知道，我以前有个学生住那里。"

"那里离我的学校很远吗？"

"不会，你搭地铁转公交车的话，二十几分钟。"

我这句话白说了，陈小乖不搭地铁，更不可能搭公交车。

不过，我也联想起一件事情，他的父母原来住得并不远。

"那好，下次上课就换成那个地点。"不给我追问的余地，他有些粗鲁地挂上电话。

换了一家星巴克上课，我感到有些新鲜，陈小乖倒是一脸淡然，好像我们从头到尾就是在这家星巴克上的课。我自讨没趣，对齐讲义的边缘，钉上递给他。

当天的上课过程很顺利，陈小乖埋首抄写，神态镇静。

我以为他那天不会透露更多了。

九点十分，他要我多陪他二十分钟，九点半他会搭出租车回父亲的住处。九点半，他更是以一种近乎哀求的姿态，请我留得更晚些。到了九点三十五分，他忽然问我一个莫名其妙的问题："你觉得这世界上最伤人的话是什么？"

我回答他，他不满意我的答案。我的脾气也跟着上来了，拔高音量反戗他。

"那你想出一个更好的答案啊！"

小乖闭上了嘴，他的身影一下子变得很渺小，五官暗了下去。

他开口时，声音有气无力，像在几秒钟内被抽干了勇气。

"这个问题的答案或许是，有一天，你的母亲告诉你：'其实当初生下你不是我的意思。'"

泪水从他眼中一颗接一颗地掉下来。

好长一段时间，我说不出话来，小乖藏了这么久的秘密，终于从洞穴中显露出来了。

很晚了。服务生提醒我们打烊时间到了，我们走出星巴克。吹来的风有些寒意，我拉高衣领，打了通电话给母亲，说我会晚点回家。结束通话后，我转头告诉小乖，我可以陪他走到他父亲的住处附近。这个承诺似乎让他很安心，他红着双眼跟我说谢谢。

“那天，你看到的男人不是我爸，是我妈的男朋友。”

我压抑着内心的讶异：“你父母离婚了？”

“他们没有结过婚。”

我瞪圆了眼，停下脚步：“等等，你的意思是，你的父母在一起十几年，共同抚养了两个儿女。这么多年来，他们从来就没有结婚？”

小乖轻不可闻地“嗯”了一声，径自往前走下去。我追了上去。

在我追上他的时候，小乖“唉”了一声，首度正式地向我介绍起他的家庭。

“我妈在十六岁时结了一次婚，可是婆婆对她不好，她受不了，结婚半年就想离婚了。我外公很有钱，在丰原有几间店面，每个月单凭租金，日子就很好过。我外公、外婆生了四个小孩，我妈年纪最小，也是唯一的女儿，我外公很疼我妈，我妈吵着要离婚，我外公不仅没有反对，还鼓励我妈搬回娘家，照样给她零用钱。”

我点点头，示意小乖说下去。

“二十几岁时，我妈在旅游途中认识了我爸，我爸的老家也算过得去，在台北市有两套公寓、一个店面出租。我爸回家说想跟我妈结婚，我奶奶很生气，她说离过婚的女人不能娶，我爸若坚持要娶，奶奶就要跟他断绝母子关系，遗产也没有我爸的份。我爸很烦恼，于是异想天开，想不如先让我妈怀孕，看我奶奶会不会改变心意。”

小乖停了一下，抬头看着路灯。

“那个小孩，就是我……”

我偷看了他一眼，他直盯着前方，表情木然。

小乖继续讨论，以一种从容、无关紧要的态度讲了下去：“我快满十五岁了，还在跟我妈的姓。由此可知，我父母当年的想法太天真了。”

“你奶奶还是不让他们结婚？”

“嗯。我出生和满月，奶奶都来看过我，过年时我爸也会把我抱回去给奶奶看。我奶奶不讨厌我，可是她依然不接受我妈。我跟我爸、我妈三个人住在一起，外观看起来像一个普通家庭，只是我的父母没有婚姻关系。”

“然后，你爸妈又生了你妹？”

“不，我妹的事也有点特别……该怎么说好呢，在我三四岁时，奶奶介绍来一个女人，说这女人身世清白，很得她的缘，叫我爸跟那个阿姨结婚。我爸那时候也不知道在想什么，大概是想求个耳根清净吧，就真的跟那个阿姨结了婚，生下一个女儿。如果我告诉你，那个小女孩是我妹，你会很讶异吗？”

“也就是说，你跟你妹是同父异母的关系？”

“对。”

我的脑袋涨了起来，这一家人的人际网络着实太复杂了。

“那个阿姨呢？”

“妹妹上幼儿园前，阿姨跟爸爸离婚了，她受不了爸爸一个星期有三天会来找我跟我妈。阿姨把妹妹丢给我爸，她说妹妹若跟着她，她很难再嫁出去。我爸不会带小孩，就把妹妹丢给我妈。很奇怪，不知道是不是因为都是女人的关系，我妈跟我妹虽然没有血缘关系，感情却很好，我不说，没有人会怀疑她们不是母女。”

“你妈的心肠很好，不是每个女人都可以接受这种情形。”

“因为我妈那时很爱我爸吧。”

陈小乖叹了口气，他的侧脸有着不属于十四岁的老成。

“四五年前，妈妈生了一场很严重的病，医生说，她的身体里有癌细胞，要做化疗。我妈那阵子很消沉，希望我爸可以多关心她，我爸的态度却有些反常，很冷淡，我妈觉得不对劲，偷看我爸的手机，才知道他在外面有‘另一个家’了……”

陈小乖别过头，拼命眨眼。我从口袋中取出纸巾，抽了两张给他。他没有拒绝，接过纸巾，往眼角按压，用力吸了吸鼻子：“跟你说一件有趣的事，我当时看我妈那么痛苦，鼓起勇气跟她说：‘离婚吧，我和妹妹支持你。’可是，说出口的那一秒才想起来，他们没有结婚要怎么离婚？很好笑对吧。”

我笑不出来。

“我妈很伤心，不断哀求我爸回家，那几个月，我和妹妹放学回家，在门口就会听见妈妈的哭声，如果爸爸也在，他们会吵架。有一天回到家，妈妈没有哭，她躺在沙发上看电视，桌上摆着两份麦当劳，我好高兴，妈妈好久没买晚餐给我们吃了。我和妹妹很开心地坐下来吃薯条鸡块，吃到一半，妈妈转过头来看着我们，说：‘爸爸搬去跟那个女人住了，他不要我们了。’听到这句话，我和妹妹吃不下去，哭了起来。”

“妹妹没有跟着搬过去？”

“没有，爸爸的女朋友不喜欢她。”

“之后呢？”我皱眉，事件的发展一节比一节波折。

“之后？我们过了一阵子三个人的日子。外婆很担心我们，从南部上来，跟我们一起住了大概半年。外婆会陪妈妈说话，妈妈的情况也一天比一天好，我很喜欢那半年，虽然爸爸不在家，外婆也很啰唆，可是她很用心地照顾我们，我好像又有一个‘家’了。”

“然后……”陈小乖又停顿了。

“然后？”

“然后叔叔出现了。”

“是那天我看到的叔叔吗？”

“嗯，叔叔是妈妈之前的男友，两个人交往了几个月，叔叔去跑船，他们就分手了。叔叔跟妈妈在大卖场巧遇，他说自己刚离婚，带着两个小朋友在找房子。妈妈觉得叔叔很可怜，就说我们家的储藏室清一清也算大，便叫叔叔带着小孩来住我们家，房子再慢慢找。”

“你们六个人，跟外婆住一起？”

“没有，外婆回南部了。因为后来妈妈爱上叔叔了，她叫叔叔永远住下来，跟我们一起生活。外婆非常生气，骂妈妈不自爱，不想再帮妈妈收拾烂摊子了。”

“现在，你们家除了原本的三个人，还有叔叔跟他的两个小孩？”

“嗯。”陈小乖咬牙切齿地回答。

我难掩内心的惊愕，某种程度上，这也算是另类的“多元家庭”了。

“那你为什么要搬去跟爸爸住？”

“因为，”陈小乖收紧了拳头，那一刻，我可以感觉到他满腔的怒火，“我不喜欢叔叔跟他带来的两个小白痴，我叫妈妈快点赶叔叔出去。妈妈不同意，她给我两条路：一个是心甘情愿地接纳叔叔跟两个‘新弟弟’的存在，我们可以快乐地一起生活，她也会像过去一样疼我；另一条路就是搬去跟爸爸住。”

“很明显地，你选择了后者。”

“是啊，我问我妈：‘你为什么要逼我做选择？我不是你的儿子吗？叔叔只是个外人啊。’我妈转头，没有看我。她说：‘其实……当初生下你不是我的意思。’那一刻，我懂了，我什么都懂了，我是我妈的累赘，只要我不乖，她随时随地可以甩掉我。”

我们停了下来，陈小乖父亲居住的社区到了。我看了一下手表，近十一点了。

“快进去吧，不要让你父亲担心。”

“再陪我一下下好吗？”

陈小乖比我高十几厘米，他低头拉扯着我的衣袖，像只高大却胆小的动物。

“有那么恐怖吗？”

“老实说，我很害怕。我跟他不熟，我们没有单独相处过。”

“可是，小乖，我好累，我想回家了。”

他露出哀伤的眼神，转过头，拖着脚步走向管理室。我目送着他步入中庭，右转，走向约十米外的小径，他的背驼着，步履沉而无力，我宁愿相信是书包太重的缘故。

再也看不见他的那一刻，我如释重负，转身离去。

*

一个月后，我又换回了原本的星巴克上课。

陈小乖回去跟妈妈住了。

我没有问原因，但不难猜出他与父亲之间起了很大的冲突。谈到父亲时，小乖的用词有了很大的转变，他开始形容父亲是个自私、不负责任的家伙。至于母亲，小乖的态度有点两极。有时候，他会用一种很温暖的视角描述他的母亲：“我妈她啊……看起来很花枝招展，但她真的不是那种爱玩的女人，只是以为这样的打扮可以留住男人的心。她只是想要有人爱她而已。”也有的时候，他的言论很尖刻：“我真的很讨厌我妈，看她那种凡事以叔叔为先的嘴脸，我就觉得恶心。”更多时候，他不爱也不恨，只是很苦恼：“我妈那句话，是一时气话，还是认真的？她生下我有这么不情愿吗？”

船底的大洞不断地进水，小乖再也没办法保持表面的假象了。

他不读书了，出神的情况一天比一天严重，我常常讲到一半，发现他的思绪不知道漂流到何方。他也跟我坦白，说最近很着迷一款手机游戏：“我有时候会玩三四个小时，我知道会占用到读书时间，可是我必须放松一下，否则我睡不着。”

任何人都看得出来，他正在自我放逐。

我很为难，某方面，我希望小乖回到“正轨”，但我也明白，这样的要求很冷血。

最新的模拟考成绩出来了。光是校排名，他就一口气掉了八十多名，区域排名更是退得不忍卒睹。看完成绩单，我抑制不了怒气，冲着他一阵怒吼：“我不是跟你说过了，人生是自己的，你再怎么怨恨父母，也不该拿自己的未来陪葬吧？认真了三年，在最后一百天好好守住，有这么困难吗？”

陈小乖没有正面回应，他看着我，冷冷地看着我。

“老师，我以前好喜欢读书，那时候，我妈常跟我说，我是家族中成绩最好的，只要我持之以恒，奶奶有一天会接纳我们母子的。可是，曾经这样鼓励我的人……现在却不要我了。”

见我没说话，他偏过头去，声音小了一些：“假设你每天回到家，家里总是多出三个陌生人，你得叫其中最大的陌生人‘爸爸’。你想读书，那两个小的陌生人缠着你，说他们好无聊。你看着妈妈，那个跟你有血缘关系的女人，她要你‘听叔叔的话，陪他们玩’，老师，我该怎么办？如果是你，你会怎么做？你还有办法念书吗？”

我咽了咽口水，那一刻，我觉得自己像是正在接受审问的犯人。

小乖真是太聪明了。

他在提醒我，在我责备他时，我是多么缺乏同理心。

“对不起。我真不该说那种自以为是的话。你说得没错，读书对于现在的你来说，确实不是最重要的事，你已经很努力地在控制自己的生活了。”我感到羞愧。

小乖别过头去，我猜他不想理我了。直到我看见他的肩膀一抖一抖的，我才明白他在哭。

他哭得很克制，没有惊动到其他客人。

“前几天，我妈在美国官网上订衣服，昨天包裹到了，我很高兴，拆开要看妈妈帮我挑了什么衣服。每一次换季，妈妈都会帮我订新衣服。我翻了一下，是男生的衣服，不过不是我的尺寸，有的太大，有的太小，我坐在地板上，一下就懂了，这些衣服是给叔叔和那两个小白痴的。”小乖双眼通红，边吸鼻涕边说，“我被排除在外了，为什么没有我的？”

我坐在那儿，什么也做不了。我旁观着小乖的痛苦，什么也无法做。

能做些什么的、该做些什么的那些人统统没有来。

我们总认为，怀胎十月，母爱的给予不仅理所当然，且会永久地持续下去。但在陈小乖的人生中，母爱分了岔，给了妹妹，给了叔叔，给了叔叔的两个小孩。

几分钟后，陈小乖停止哭泣，他的双手软软地垂着，红红的眼圈、肿胀的鼻子，整个人颓丧得像是被抛弃的小狗。我看见他手臂上浮凸的淡蓝色血管，像蛇在蜿蜒。他在正常吃饭吗？他总共瘦了几公斤呢？我不敢问。怕问了，他失去的那些重量，会在当下真实且具体地压在我的双肩上。偶尔，我忍不住怀疑，怀疑自己爱陈小乖，爱得比他的父母更多。

一个领时薪做事的人，比亲生父母更爱一个小孩？怎么想都令人感到不安。

*

考前两个月，我和陈小乖的课程中断了。

他为了叔叔一家的事跟母亲闹得很不愉快，他的母亲失去耐心，把他像一只皮球一样踢到父亲那里，他的父亲双手一摊，把球传给了奶奶。奶奶住天母。我跟陈小乖道歉，天母太远了，我骑电动车过去很危险，课程得结束了。

“小乖，就算我没再继续教你，你还是要认真念书哦。”最后一堂课，为了让自己心里舒适一些，我言不由衷地说道。

“再说吧。读书有什么意义？”

“小乖，还记得吗？我曾经说过，读书不是为了取悦他人。”

“老师，虽然你这样说，但当初你读书时，也是个被期待的小孩吧？你的父母也关心你吧？只要认真念书，回家的时候，也跟张胖胖一样，父母会给你准备水果和消夜吧？反观我的父母，生我的原因莫名其妙，生了之后又不专心养，现在更只顾着自己谈恋爱，把我推来推去，推到不能再推就把我丢给奶奶，我跟奶奶以前一年才说几次话。而且，说说我奶奶吧，比起我的成绩，她更介意我母亲跟叔叔之间的关系。她不在乎我在学校的日子过得如何，只想知道我有没有偷偷跟我妈联络，以及多久一次。”

陈小乖得出了结论：“我没有家了，这就是事实，我没有家了。一个找不到归属的人，要他念书有什么意义？你不觉得，现在叫我认真念书真的很愚蠢吗？”

最后一堂课，他再次说得我哑口无言。

六十天过去，考试结束了，陈小乖的成绩普普通通，不上不下。这个结果，在乎的人并不多。

据他所称，母亲只是“哦”了一声，问：“有学校可以念吧？”

父亲则是讪笑一句：“我就知道。”

电话中，陈小乖问我：“到底我的父亲知道什么呢？”

我小心翼翼地回答：“或许你父亲只是想要掩饰他其实什么也不知道吧。”

在学生面前指摘父母的过错，仍让我的心脏像是爬满蚂蚁般，十分刺痒。

“对了，老师，我改名字了。我奶奶讨厌我的旧名，说这是我妈取的，她不喜欢。”

“你的父母没有意见？”

“没有。我打给我妈，她叫我‘听奶奶的话’。你不觉得很荒谬吗？这名字是她取的，她竟然跟我说，奶奶想改就改，她再找时间跟我爸商量这件事。”

“的确很荒谬。”

“更让我生气的是，电话中我听见妹妹的声音，她喊叔叔‘爸爸’！你知道这件事的严重性吗？我妹以前明明跟我是同一国的，我们说好要一起对付那三个白痴。可是，我妹很怕落得跟我一样的下场——被丢给奶奶，她只好背叛我了……真是个大叛徒。”

“小乖，你用词太重了。”

见我不支持他，他气呼呼地挂上了电话。

几天后，我请他吃饭，一如约定好的，考试结束要请吃饭。

小乖出现在我眼前时，一身闪亮的行头，时尚得像是从百货公司的玻璃橱窗里走出来的模特。一问之下，原来是奶奶赞助，两万元，奖励他改名换姓。

他拿那笔钱换了新衣、新裤、新鞋，附上新名字，他把自己升级为“小乖 2.0”。

“现在我姓李了，没关系，你还是可以叫我小乖。”

小乖，是母亲给他取的绰号。听说这绰号的由来是小乖以前脾气很差，母亲那时叫他小霸王，外婆说这样不行，要叫他小乖，个性才会乖乖顺顺。

姓名变了，绰号被留下来。

走进餐厅时，小乖看起来心情很好，我们才刚坐下，他便急着跟我分享他的新生活：“现在我一个星期有两千元的零用钱。上周生日，不只奶奶，姑姑和叔叔也包了好多好多……他们都好开心，谁叫我‘认祖归宗’了呢。”

他撇撇嘴：“很好笑吧，只是改个名字，待遇差这么多。”

我看着他，想从他夸张的表情中读出一些熟稔的气息。

“小乖，你现在快乐吗？”我问。

“快乐啊。我为什么不快乐？”他还是笑嘻嘻的。

“真的快乐？”

“真的快乐啊。”他身子往后，靠在椅背的软垫上，“住进奶奶家的第一个月，我很不习惯，每个晚上都睡不着，失眠得很严重。我觉得这世界上没有人要我，没有人在乎我，想到这些事，我就忍不住一直哭，哭到后来很累。有一天，我下定决心，从今天起，我不要再自怨自艾，我要开心地过每一天。既然我的父母、奶奶，只会用钱来笼络我、敷衍我，那我为什么不认真花钱，让自己开心一些？”

小乖注视着我，他的双眼澄澈：“老师，我知道我现在比以前更虚荣，你很不喜欢虚荣的人。但是，除了钱，我还剩下什么？你说过，物质带来的快乐很空虚，这点我也知道。可是没有钱，我的日子更空虚。你可以理解吗？这是我此时最安定的生活方式了。”

*

每个人都有自己的求生之道。

在小乖之前，我从未听过如此复杂的家庭组成；在小乖之后，我相信类似的处境也很难再找。小乖的妹妹，与一群和她没有血缘关系的人住在一起，没有人问过她的心情。小乖的母亲，在家庭成员的取舍中，没有选择小乖，不过，在这之前，她至少也做了十几年尽责的母亲，小乖的离开，她没有表态，但我想她多少也是难过的。至于叔叔所带来的两个小孩子，有谁去给他们说故事呢？他们想必也是诚惶诚恐地想着如何适应这般奇特的家庭。

我亲爱的学生小乖，他让我认清了学问并不能解决人生的难题。我起初很介意，陈小乖是我唯一教过之后成绩反而退步的学生。沉淀了几个月，我重新回想他说过的话。他说得没错，在大人把他像枚棋子般移来换去的时候，叫他认真读书真的很愚蠢。

他的成绩失常了，他变得更虚荣，可是他走过来了。

我突然间很欣赏他，以十五岁的年纪，他表现得比身旁的大人成熟多了。

第 6 个家
天赋

全家福里他们笑得很灿烂，没人怀疑他们爱着彼此。

Colors

我做过一个不太严谨的调查。在我接触过的六七十位学生当中，我问了至少一半人一个问题："最讨厌大人对你做哪些事情？"结果令我十分意外，纵然这些学生的性别、个性、在家中的排行、父母的社会经济背景、居住环境等均不相同，他们的回答倒是有一致之处："比较吧，最讨厌父母拿我跟别人比较了。"有的学生说得更详细一点："如果比较的对象是手足，就更讨厌了。因为你必须跟你的手足住在同一个屋檐下，朝夕相处，怎么躲也躲不掉。"

直到遇见纪小弟，我才真正明白这种处境的艰难。

*

纪太太是我从事家教第五年认识的雇主。她生了一对姐弟，我先教导姐姐，姐姐资质不坏，顺利地考取了心仪的大学，待我准备功成身退之际，纪太太提出一个想法。

“我的儿子在补习班蹲了两年，成绩没什么进步，我也不知道他去那边到底在干什么。如今他要考高中了，不如退掉补习班，由你来接手，如何？”

纪太太和我商量时，姐姐也在旁边听着，她眉心轻拢，不以为然地撇了撇嘴，说道：“啊，老师之后要去教弟弟啊？不好吧，妈，你是想把吴老师气死吗？”

我有些讶异，姐姐向来是个温和的人，很少说话这般语带酸气。

即便如此，我还是接下了纪小弟的家教工作，我的想法很实际，姐姐升上大学之后，她原有的时段就空了出来，由纪小弟来填补，也省却我再找一个学生的麻烦。

现在回想，那时的想法实在太单纯了。

我应该多留心姐姐的话的。

给纪小弟上完第四堂课的当晚，我人刚回到宿舍，还来不及上厕所，就接到纪太太的来电。

她听起来很生气：“老师，都第四次上课了，为什么你布置给弟弟的作业还是那么少？”

“少？”我在心底数了一下，不觉得特别少。

“对，上一次我问他，功课做完了吗？他说做完了。我不相信，他说，老师只出了五页。我怕他骗我，所以这次上课，我不是请老师勾了一下作业的范围嘛，刚刚我数过了，不到三十道选择题。老师，一个星期两小时的课程，三十道题目，这样的练习不觉得太少吗？”

“会吗？”

“当然太少啊！”纪太太的声音更响了，我把话筒挪远了些，“而且，老师，我检查过弟弟的笔记本了，已经上了整整四回课，他的笔记只有四页……换作是姐姐，她至少已经整理出十页的笔记了。老师，你的教法是不是跟之前有差异，你对弟弟比较不用心？”

“等等，纪太太……”我试图给自己争取一些发言的空间，“我承认，在教弟弟时，我的教法会刻意轻松一点，那是因为弟弟的词汇量不多，一些基本的语法原则也还在建立中，我以教姐姐的速度去教弟弟，弟弟很可能会跟不上。”

“老师，你现在是在跟我说，弟弟的程度比较差喽？”

当场，我像个哑巴一样，嗫嚅着双唇，丢不出只字片语。该怎么回答这个问题呢？

“老师，你怎么不说话了？”纪太太丧失了耐心，频频催促。

这时，在我眼前，出现了一条钢丝线。

我站了上去。

“纪太太，我没有这个意思。”

小心地前进。

“那你到底是什么意思？”

线振荡起来。

“我的想法是，弟弟跟姐姐的个性不同，姐姐很积极，弟弟比较慢性子。但是，我不认为这代表弟弟的程度比较差……顶多只能说，我得先去找出弟弟学习的动机，因为姐姐本身对英文就很有兴趣，弟弟则不然。我若一味逼迫，说不定只是在拔苗助长。”

冒险地踩了个大步，钢丝的摇晃更剧烈了。

纪太太直接打断我：“老师，你不可以这样想，你这样想就错了，因材施教不是这样的做法，这是不对的。你教过姐姐，你知道姐姐很自动自发，她不是那种会让大人操心的小孩。弟弟则完全不是那么一回事，他就跟牛一样，很固执，总赖在原地，不思进步。你要在前面用力拉，他才会老大不情愿地往前走一两步。所以，老师，你要在前面很用力地敦促他。”

“那，阿姨，你觉得怎么做对弟弟最好？”

我静止不动，打出安全牌。

“每一次上课都要考试！”纪太太以我们开始通话以来最兴奋的声调回答我。

“每一次？”

“对，每一次。考上一次课程的内容。我会准备一本联络簿，请你一边上课，一边注记这次上课的进度、教授的单词语法、这次小考成绩和下次的考试范围。每一次下课，请你把那本联络簿交给我，我要检查他的学习情况，顺便对照一下是不是有重点漏抄了。”

“联络簿？”我越来越觉得不舒服。

“对，没错，考试还有十个月，要在这十个月内把弟弟的成绩拉上来，所以我们得合作，老师你负责专心上课，你不在的时候就换我顾着弟弟。联络簿写得越详细越好，我才知道我有哪些事项必须检查，只要我们贯彻这个模式，弟弟一定可以考上好学校的！”

纪太太口中的好学校是姐姐的母校。台北市男女合校的第一志愿。

“好，我知道了。”

“哦，对了，我希望他的作业可以布置得比姐姐多一些。姐姐的英文很优秀，不用紧张，弟弟的英文却很烂，姐姐练习一张考卷，他可能得做两张，才能达到一样的水平。”

“好吧，我会试试看。”

挂上电话，要不是强劲的尿意持续压迫我的膀胱，我根本起不了身。

看了一下手机屏幕，通话时长：四十三分。

经验告诉我，纪太太之后还会再打电话来的。

父母是一种太孤单的职业了，一旦他们的情绪找到出口，便会继续开发这条道路。

整个晚上，我不停地自问：“莫非陈小姐的那一套，错了吗？”

*

陈小姐是另一对姐妹的母亲。一模一样的情况，姐姐升上大学后，她要我转为辅导妹妹考高中。

这对姐妹感情很好，她们共享一个房间。从前，当我给姐姐上课时，妹妹就在隔壁桌读小说、写作业，偶尔也会加入我们的对话。

好几次，我注意到她在一本几乎吃掉半张书桌的大笔记本上，忙碌地涂涂改改，努力地填满行间的空隙。稍加探听之下，妹妹有些得意地告诉我，她正在“连载”一个玄幻的架空故事。每个课间，班上的几位同学会争相传阅她的最新进度。

这引起了我的好奇，我也喜欢写东西。姐姐中途休息时间，我就转头和妹妹讨论她笔下故事的剧情、角色之间的比重和后续的进展，等等。

和严肃、习惯按部就班的姐姐相较，妹妹的想法天马行空，她是个浪漫的小孩，跟她聊天总是很愉快。在妹妹身上，我仿佛找到了过去的自己，抱着一本笔记本就能行遍万里。是以，陈小姐提出这个想法时，我欣然答应。我以为，以我和妹妹的交情，上起课来一定很轻松愉快！

没想到，第一堂课结束，我沮丧得简直不想再上第二堂课了。

平日与我互动良好的妹妹，在我们成为师生之后，在我们之间的话题从小说跳跃成英文之后，她变得意兴阑珊。短短两个小时，一百二十分钟，有数次，她看着我，童稚的眼神藏不了太多心事：她在等待，等待时间一到，我会离开。

九点的钟声一响，我可以感觉到她松了一口气。

妹妹毫不遮掩的反应令我很沮丧，我弯腰驼背地步出她们的房间，心事重重。

陈小姐送我去搭电梯，她笑眯眯地问道："妹妹的情况好吗？"

"说实话……一点也不好。"

陈小姐的嘴咧得更开了："果然，我当初问你要不要教妹妹的时候，就已猜出你会有今天这样的反应。老师，你知道问题出在哪里吗？"

"跟姐姐相比，妹妹似乎对读书没那么热衷？"

"今天是老师第一次正式接触到妹妹的学习情况，会有这样的体会是人之常情，因为，和姐姐放在一起看，妹妹的学习意愿似乎不太理想，但这并不是妹妹本身的错，可以说是长期以来，外界给她施加的压力导致的，更直接一点说，是我给她施加的压力导致的。"

"不会啊，阿姨是很明理的家长。"

这可是肺腑之言。在我教导姐姐一年左右的时间里，从头到尾陈小姐都没有干涉太多。在我心中，她是不可多得的家长，她给老师很大的弹性与空间。

"哈哈，那是因为老师你不认识以前的我啊。我跟你说，姐姐从小在学业上的表现就非常出色，不仅是学科，即使才艺竞赛，哪怕老师临时派她出去比赛，她也能轻松抱回不错的成绩。我以为，姐姐这样的成就理所当然。等到妹妹也进入小学时，我才察觉到事情没有这么简单！”

“妹妹的成绩不如姐姐吗？”

“对，妹妹的排名大概落在班上的中间，这只是学科，才艺比赛更不用说了，她在小学四年级之前，只参加过一次比赛，还是讲故事比赛……”陈小姐耸了耸肩，继续说道，“老师说，她在班上是‘存在感很低’的一个人，不属于任何小圈子，没什么个人意见，也不太会主动参与讨论，跟大家的交情很淡。大家对她的评价不外乎是‘普普通通’‘不特别好，也不特别糟糕’。亲朋好友都很惋惜，说姐姐那么优秀，怎么妹妹的资质却很平庸？”

我听得很入神，陈小姐没有跟我提过这方面的事情。

“我很紧张，觉得有些对不起妹妹，一样都是我生的孩子，怎么天分差这么多？妹妹该不会一辈子都活在姐姐的阴影之下吧？我很怕，就帮妹妹请了两个家教抢救她的课业。当时，我的出发点很简单，‘只要姐姐能，妹妹一定也可以’。但是，请了家教之后，不行，整个毁了，妹妹非常抗拒，上课前她会哭闹很久，有时老师都站在门口脱鞋子了，她还站在客厅哭。我没有办法，只好跟妹妹讨价还价，拜托她进房间上课。有时候，老师才讲半小时，妹妹就开始耍性子，还会用脚踢老师，她曾把一位刚升大学的女老师给气哭了。”

陈小姐红着脸，干笑了两声。

想到内向的妹妹抬脚踢人的场景，我忍不住跟着笑了起来。

“我丈夫觉得我快要把妹妹给逼死了，就找人介绍了一位心理咨询师，据说很擅长家庭问题，三十多岁，刚拿到博士学位。那位咨询师很直接，我们第一次见面，才谈了四五十分钟，她就抬起手来，制止我继续说下去，然后，她跟我说了一句话，让我一辈子都忘不了，她说：‘陈小姐，你的小女儿会变成现在这个样子，有很大一部分是你造成的……’当场，我目瞪口呆，气得想要冲出咨询室。我觉得她不懂，一个未婚又无子的人，凭什么批评我带小孩的方法？”

陈小姐是个可爱的妇人，她很诚实，不会刻意美化事情的前因后果。

“但是，我丈夫想的跟我正好相反，他很信服这位咨询师的专业，说人家是旁观者清，要我继续跟着这位老师。又过了半年，我的心境才有些改变，觉得那位咨询师说的多少有些道理。”

陈小姐深呼吸一下，很慢很仔细地说：“所以，老师请你慢慢来，不要贪快，我们不急。这很重要，我跟妹妹说要找你教她英文，她没有拒绝，这就是很大的进步了。她曾经很抗拒我们再给她请老师。一堂课，两小时，你也可以只教十个单词、一两个语法。”

我面有难色，心底有些反弹：家教不就是在短时间内，补足学校教育的不足，如今陈小姐却要我“慢慢来”？再者，我一小时索取不低的价码，只教十个单词、一两个语法，岂不是摆明了在浑水摸鱼？说得更难听一点，是来骗钱的？

陈小姐看出我脸上一连串的问号，微笑着鼓励我："老师，我知道你对这工作有自己的看法，也很重视小孩的成绩。可是，小孩的学习动机和创意，是很珍贵的。妹妹上一次跟家教上课，已经是六年前的事了。我不想重蹈覆辙。只要能让她保持兴趣，不排斥学习，我就很开心了。"

电梯门关上，楼层一级一级往下，我才后知后觉地想起一件事情。我跟陈小姐认识也有一年多了，从前，我们之间的往来很行礼如仪，对话总停留在日常的寒暄，最有感情的一句话是"再见"。改任妹妹的家教后，她却欲罢不能地跟我聊了将近一个小时。

在陈小姐的坚持之下，第二次上课的方式，对我来说是非常新鲜的尝试。我先花十分钟和妹妹讨论她的小说近况，之后，我再花十分钟，发表我对里头剧情走向的观点。我很直率地指出部分情节的矛盾，不刻意讨好我的小客户。孩子们远比我们所认为的更为敏感，他们能轻易侦测出你对他们的行为有无真心。

在我进入她房间的第二十一分钟，我们才打开了英文讲义。每进行一个段落，我就停下来，再回头去讲小说，不忘分享几个我喜爱的作家，介绍他们的风格。偶尔，我会引入一个情节，往往是整部小说里最刺激、最悬疑的桥段，在真相就要水落石出时，我狠心地就此打住，再回头复习方才教过的英文单词和语法。

不知不觉中，妹妹的眼睛停留在我身上的时间，从五分钟、十分钟，延长到半个小时，或者更久。有一次，我告诉她："做完这题，就可以下课了，时间到咯。"

妹妹讶异地抬起头，看了挂在墙上的时钟一眼："啊，怎么那么快！"

闻言，我心头一热。

她不会知晓，自己无心的一句话，带给我多大的鼓舞。

我带妹妹的时间不长，不过七八个月，就到了关键的大考。她考出"中等偏上一点点"的分数，我有些内疚，认为她可以更好的。

陈小姐反过来安慰我："别只看结果，妹妹的英文可是从末位班进到普通班了。"

经陈小姐提醒，我才想起，对哦，若说进步的幅度，妹妹的表现真的很出色。

在那个时刻，我想起姐姐，我千真万确地想起她。在同样的田径场上，姐姐奔跃的速度绝对是全场最亮眼的，可是，妹妹抵达终点的姿势是如此优雅，优雅到你不得不起身为她喝彩。这对姐妹，以她们各自的方式，赢得了我的喜爱与敬重。也是在这个时刻，我初探教育的本质。教育的存在，不是让每个孩子都拿到很高的分数，而是要让每个孩子的天赋都能伸展到极限，并且尊重他最终的成果。

*

是以，面对纪太太的要求，我感到不安，她的做法跟陈小姐可说是彻底相反。我不确定，依照纪太太的想法走，到底会得到怎样的成果。

但我会听从她的指示，也必须听从她的指示。

这是一位担任专职家教近十五年的前辈给我的警言：“不要幻想你可以在家教这一块实现多少教育的价值。认清真相吧！家教这职业的老板是谁？你以为是学生吗？才不是，是家长。纵然你说，接受服务的对象是小孩，那又如何？小孩会给你薪水吗？并不会。既然如此，有权力决定服务内容的人，永远是家长，让家长满意，永远是第一位，若家长和学生的想法有了冲突，还是家长优先。你顶多做到减少对学生的影响和伤害。不要去挑战家长的想法，他随时可以叫你走人，再找一个听话的老师来教，事情只会变得更糟。”

下一次上课，我跟纪小弟提及，从今天起我们会有例行的小考。

他反应得很快：“是妈妈跟你说的吧？”

我没有否认，只是点头。

纪小弟拍了一下额头："又来了。"

见我没有说话，他继续发着牢骚："姐姐喜欢考试，不代表我可以啊。"

我皱了皱眉，他有些紧张，嘴巴动了动，似乎想解释些什么。

"你的兴趣是什么？"我无心追究，反而对他读书以外的生活起了兴致。

"打篮球。"

"你打得好吗？"

"当然！只要和隔壁班三对三，我一定在名单上。不是我自夸，我的篮球真的打得不错，纵使打了一整天的球，我在家也会忍不住模拟运球的动作，就为了抓住球感，我妈跟我姐都说我疯了。管她们去说，她们这种只在乎念书的人，才不懂运动的价值！"提到篮球，纪小弟宛如变色龙一般，不过一眨眼，上一秒暗淡、怨声连连的可怜虫就消失得无影无踪了。

只见他双眼发光，手腕随着说话的频率而剧烈地摆动："明天一早六点半，我跟同学约好了，要跟十三班的人比赛，我好期待，据说他们班最强的也要来。"

"这么早？"

"现在是暑假，到八九点就太热了。"

"你起得来吗？"

"起得来啊，只要想到比赛，闹钟一响就起床了，完全不会赖床！"

我点点头，终于明白怎么姐姐顶着一身白皙的肌肤，弟弟却晒得跟小黑炭似的。

“你把打球当兴趣，还是之后会朝这个方向发展？”

光彩转眼间从纪小弟的脸上消失了。

他转过脸，左手托着下巴，有气无力地说道：“我跟妈妈说想考体院。妈妈说，体院毕业的，若没有考上学校老师，就会饿死街头。她说，我一定要认真读书考上法律系。叔叔有一家律师事务所，但是叔叔没有结婚，也没有小孩。妈妈说，只要我考上法律系，拿到律师执照，叔叔一定会把那家事务所给我。”

“姐姐呢？为什么不是把事务所给姐姐？”

“妈妈说，姐姐以后会结婚，事务所交给我，才不会变成外人的。”

我总算懂了，为什么纪太太这么坚持要让两姐弟的成绩可以“并驾齐驱”。这背后，有一股更古老的力量。

时间不许我们再闲聊下去，我拿出考卷：“我们来考试吧。”

纪小弟发出不情愿的哀鸣。

我有时候很厌恶自己必须扮演这样的大人。

*

纪小弟很聪明，他很快就看清了事实，与其积极抵抗，不如采取沉默消极的不合作运动。他抄笔记，但他只是抄，没有经过思考与整理。他应考，但只在考前半小时才准备，成绩不理想，他就苦着脸，用力地为自己喊冤：“我读了啊。”他还指向讲义上虚情假意的画线、潦草且“兵荒马乱”的注记。除了敷衍，还是敷衍。

我们之间的互动，就是没有互动。单向的输出，单向的敷衍。这样的教学自然没有好的成效，我知道我们在浪费时间，浪费他的，也浪费我的。

眼见儿子的成绩毫无起色，纪太太紧张起来，她打电话给我的次数越来越多，通话时间越拉越长，训诫也越来越严肃，不停地纠正我教法上的缺失。我最后被念叨得心生厌烦，懒得再与她争论，索性一切按照她的意思去规划，到了最后，我简直是跟着纪太太一起对纪小弟施压。纪小弟对我的存在也越来越排斥，他看我的眼神一天比一天不友善，甚至把我视为他母亲的应声虫、邪恶的代理人。

我无法改变他的想法，因为我自己也开始有这样的幻觉，偶尔，在我静下心来冷静思考时，会有一个声音告诉我，你越来越像纪太太了。

这个想法让我恶心到想吐。

我想辞职，但这样的念头绝对会招致纪太太严正的抗议。这也是家教行业的忌讳，越是逼近考期，就越不能轻易喊辞职。

我祈祷着有谁来破坏这恐怖的平衡，彻底粉碎这三角关系。

竟然是纪小弟做到了。

*

事发前几天，纪太太打电话给我，与我商量更换上课时段的事宜。

简单来说，她打算把原本三点到五点的时段，挪到早上十点到十二点。理由是：“不这样做，弟弟每天从早上六点出去打球，就跟同学厮混到下午两点多才回家。回到家，睡个午觉，等你来上课。一天二十四小时，他就这样浪费了一大半！”

我很为难。一周七天，纪小弟最快乐的时刻，无非是在球场上的时光，纪太太竟坚持要把这么快乐的时刻，替换成我的家教课。

去上课那天，一上公交车，我的眼皮就跳个不停，显然不是个好预兆。下公交车后，我慢慢地走，心跳声越来越大，耳朵也有点痛。一抵达纪家，纪太太对我的准时出现露出满意的微笑，她指了指纪小弟房间的门，说：“他今天心情有点不好，不肯吃早餐。”

我战战兢兢地转开房门把手。纪小弟坐在椅子上，看起来很平静，我以为他接受了纪太太的安排。不，我大错特错。待我坐定，他把我当空气，趴在桌子上，像条法国面包，一动也不动，任凭我怎么唤他，他连瞧我一眼也不屑。眼见时间一分一秒地流逝，我无计可施，只得步出门外。纪太太正在厨房准备午餐，听到我的报告，她把手往围裙上一抹，怒气冲冲地往纪小弟的房间前进，脚下的拖鞋发出刺耳的噪声。

“你为什么不上课？”

纪小弟还是趴在桌子上，毫无反应。

纪太太大步向前，用力拧儿子的耳朵：“你给我起来。”

纪小弟弹开身子，他站着，揉着自己发红的耳朵，看着纪太太——更直白点说，是“瞪”着自己的母亲，眼中是赤裸裸的恨意。我很不想用这样的词，但那确实就是恨意，非常具体的恨意，难以用言语去矫揉、修饰。

“我要打球。”他坚定地说出自己的诉求。

“不可能，你要准备考试，基测要到了。”纪太太不做他想，一口回绝。

他们母子俩对峙着，我这个外人杵在角落里，看着他们，感到滑稽。

纪小弟握着椅子，他的指骨泛白。

我很同情那把椅子，它现在势必承担着很大的压力，跟纪小弟一样。

纪太太没有发现儿子的异状，尖声命令：“趁着暑假，别人都在放松、偷懒的时候，好好地冲刺一下，等到开学模拟考，就可以领先别人了，这样不是很好吗？”

“为什么我一定要领先别人？我难道不能跟他们一样偷懒、放松吗？”

“你就是这样——”纪太太拉了个戏剧性的长音，“才会老是跟不上姐姐。姐姐准备考试时，暑假第一天，就已经排好读书的行程表了。之后，除了休馆日，她每天七点半起床，和同学去图书馆排队等位，读到晚上九点半闭馆的时候才回家。”

纪太太悻悻然地用鼻子哼了一声：“你呢？成天只会跟一群阿猫、阿狗瞎晃。”

闻言，纪小弟涨红了脸，他重重推开椅子：“你不可以这样说我的朋友。”

“我说错了吗？姐姐的朋友都是班上前几名，全是用功的好孩子。我已经忍很久了，你每次带回家的朋友，每一个看起来都像不良少年，那个姓江的，才初中染什么头发，还有那个李什么的，名字我忘了，他为什么要穿耳环？他妈妈没在管吗？你怎么不跟姐姐一样，交几个正经的朋友？”

纪小弟没有反应。

他站在那里，双手直直放下，我以为他放弃抵抗了。

他开始喃喃自语：“我受够了……我真的受够了……”

“你到底在碎碎叨叨说什么？”

下一秒，纪小弟对着纪太太大吼：“我说我受够了！开口、闭口都是姐姐，如果你那么爱姐姐，当初干吗生我？光生姐姐就好了啊。我好恨，为什么我是你的小孩，是纪茹芯的弟弟！”

纪太太愣住了，她看着自己的儿子，眼睛瞪得牛眼一般。

现在，纪小弟彻底控制住场面了。

“我说错了吗？是我拜托你把我生下来的吗？我真的快被你

搞到起肖[1]了。我跟我朋友说，我有个疯子妈妈，自以为找了个家教，就可以把我变成第二个纪茹芯。我恨你，我恨纪茹芯，我知道，你们都觉得自己很聪明，都把我当白痴。对，我就是永远没办法跟纪茹芯一样聪明，你醒醒吧，你就是生了一个头脑简单、四肢发达的儿子！”

他看了我一眼，又看向纪太太，居然笑了："你那么爱上课，那你自己来跟吴老师上课啊，你自己要发神经可以，我才不要陪你们一起发神经！”

他像颗子弹般射出去，在与纪太太错身时，他没有犹豫，伸出手来推开自己的母亲，毫无收敛，使出全力。纪太太跌坐在书桌旁边那张平日用来堆放参考书的小板凳上，参考书散落一地。

血色从她的脸上褪得一干二净，苍白得像是见了鬼。

钥匙相互碰撞的声音。

大门被狠狠甩上的轰然巨响。

之后，就没有声音了。

房间一下子变得好安静，安静到有些吓人。

纪太太背对着我，从后方看过去，她瘦小的身影又缩短了不少。

“老师，不好意思，今天就麻烦你先回去了……”

她说话的时候没有转过身来，依然背对着我。

---

[1] 闽南语，意为“发神经”。

几秒钟后，她又加上一句："薪水的事不用担心，我还是会给的。"

我挣扎了老半天，想安慰她，立场却很矛盾。

我一直以为，眼前的这一切实际发生时，我会很开心。但是，注视着纪太太的背影，这么久以来，我对她的怨怼及不谅解，烟消云散。

*

我编造了一个借口，告诉纪太太，我没办法再教了。

因为懦弱，我是通过电话表达的。电话的另一端，纪太太安静了几秒钟，似乎在想些什么，我听见她发出几个无意义的单音，停顿了一下，才说："那我知道了，谢谢老师过去带弟弟的苦心。很遗憾，你没有带到考试结束。"

她的声音四平八稳，没有情绪，也没有感情。

我感到有些悲凉，教姐姐的那一年，纪太太对我的态度可是比现在热络许多。

刹那间，一股冲动攫住了我，在我意识到时，话语早已从舌尖蹿了出去："阿姨，我觉得，弟弟跟姐姐的天分是在不同的领域。一直用姐姐的标准来要求弟弟，对弟弟来说……"我斟酌说话的轻重，"会不会有些太吃重了？"

"所以，老师是在暗示说，我教弟弟的方式有错喽？"

“我没有这个意思。”我在心底痛斥自己的多嘴，偏偏路已经开了，只得走下去，“我只是觉得很可惜，弟弟也很优秀，他在体育方面很杰出，同学们也很崇拜、仰重他在篮球上的造诣，既然如此，那我们可不可以停止用‘学业成绩’的框架去束缚他？”

纪太太安静了好半晌。

我以为自己成功地说服了她。

等她再度开口时，语气惊人地冷淡，仿佛她正在忍耐对我破口大骂的冲动：“老师，孩子是我的，不是你的。我才是纪培丰的妈妈，他的未来，不管是一帆风顺，或者穷途潦倒，我才是真正承担这一切的人。老师，你没有小孩，你不会知道，小孩出生之后，父母就得为小孩的一切作为负责，这负责的程度永无止境，是你无法想象的……”

纪太太顿了顿，再度开口，这回她的声音多了些温度：“做父母的我们，每天都在提心吊胆，昨天为小孩粗鲁的举止给人道歉，今天又可能因小孩的成就而得到他人的赞美。父母的成败，总是跟小孩绑在一起。若是放任纪培丰按照自己的兴趣走，让他念体院，等到将来找不到正式的工作，谁才是真正要去承担的人？老师，那人会是你吗？不是吧？”

我说不出话来，巴不得挖个坑，把自己埋进去。纪太太说得没错，我是局外人。

纪太太明明可以乘胜追击的，但她并不，相反地，她的语调在瞬间变得非常委屈，像在问我，也像在自问：“既然如此，我在纪培丰迷失之前，把他引导到正确的方向，又有什么错？老师，你觉得我是错的，但是你自己不也拿了很漂亮的学历，所以我才愿意给你这么优厚的薪水，我希望小孩子可以像你一样，赚钱的方式比别人轻松，少吃一点苦，可以舒适地坐在冷气房里，而不是顶着烈日去工作。这样的念头，有错吗？”

我咽了一下口水，太无懈可击的演说了。

若时光可以倒转，或者在那逼人窒息的分秒之间，有谁给我送一些空气，我可能有办法分神去想，这样的对话，她独自排演了多久？对于自己的作风，她是否也挣扎过？我几乎忘了我和纪太太是怎么结束掉如此不愉快的对话的，我们和对方说再见了吗？她可有再多说些什么？我全忘了。只记得挂断电话时，我手麻脚麻，有一段时间，甚至感觉不到自己声带的存在。

对于自己的躁进和自以为是，羞耻感像海浪般，一拨一拨地冲刷着我的身体。

我怎么可以自大地以为纪太太不爱她的儿子？

纪小弟之前打篮球伤到了脊椎，纪太太怕有后遗症，赶紧为他换了一张近十万元的床垫。然而纪太太本人，平日素着一张脸，穿的衣服看来看去就那几套。她似乎不曾想过要把钱花在自己身上，成天绕着儿女的需求打转。

每一次，她抱着话筒焦急地与我商讨新的读书方式、新的时间规划、新的进度调整，我只介意着她占用了我多少时间，却未曾思量她必定也是很有耐心地观察了很长一阵，在心底预演了几次，尝试研拟出可能最适合她儿子的学习方式。

每一次，她看着纪小弟抱着球消失得不见人影，她坐在家里等待，时钟的指针无情地向前，她知道打球的儿子是最快乐的，但她不能确定，这样的快乐可以维持多久……她知道读书对儿子是痛苦的折磨，但这或许是在台湾最容易的生存之道。

纪家的电视柜上，放着一张全家福，是四年前在东京迪士尼照的。纪茹芯、纪培丰分别从左右抱着纪太太，他们笑得很灿烂，那时，没人怀疑他们爱着彼此。

第 7 个家

衣柜中的小剧场

除了太漂亮之外，他还是那种老师爱死了的标准小孩。

Closet drama

说来好笑，在我结束和贾宝玉之间的师生关系后，我们才真正要好起来。

基测前半年，贾宝玉的母亲在人力银行看到我的简历，亲自打了一通电话，口吻温柔有礼，她说："我的儿子很聪明，课业成绩也很理想，师长都夸奖他是一个自动自发的好孩子。我这做母亲的，其实也有点怀疑，有没有必要再给他请一个家教，只是，他自己看到同学一个跟着一个去蹲补习班，心底多少有点恐慌吧，要我给他请个老师督促他。"

女人的声音隐隐有些得意："老师，我这儿子真的很聪明，从小到大没给我添过什么麻烦，他不会让你操心的，你只要依照平常的习惯去教就好了。"

我很快地点头了，很少有老师讨厌教聪明的小孩。理由很简单，聪明的小孩一点就透，教起来很省力。贾宝玉很聪明，一个星期一堂课，两小时，这样就很够了。

初次见面，我在心底赞叹，他可能是我这辈子见过的最美丽的男孩。明眸皓齿，鹅蛋脸，樱桃小嘴，我最忌妒的是他的睫毛，又长又翘，简直逼死一堆女人。贾宝玉眨眼时，从四十五度看下去，如娃娃般精致动人。他的父母长相并不特别出色，他却得天独厚，取来父母各自长得最好的一段，成就了绝美的外表。时常，我跟他讲课讲到一半，不由得出了神。他太美丽了，我不得不问："有人说过你长得很好看吗？"

贾宝玉皱眉，有些别扭地说："我们班的男生都叫我贾宝玉，他们说我皮肤太白，嘴巴又太红，身边又时常围绕着一堆女生。"

"女生围绕着你做什么？把你当姐妹淘吗？"

"不，她们都喜欢我，要我选其中一个做女朋友。"

"那你怎么不选其中一个做女朋友？"

他脸上闪过一抹阴霾。

"谁叫她们长得太丑了。"他说。

我点点头，心有戚戚焉。的确，站在贾宝玉的旁边，多少女生要自惭形秽啊。

除了太漂亮之外，他还是那种老师爱死了的标准小孩。你话语一落，他就低头猛抄笔记，仿佛老师的每一句话都分量十足，完全满足身为人师的虚荣感。该发问的时候他张嘴，不该发问的时候他闭嘴。除了学术上的交流以外，我们很少对话，贾宝玉是个寡言的人，我们的课堂被满满的"重点补充""必考语法"给塞满了。

偶尔，非常偶尔，像是饺子破了皮，露出一些馅儿似的，他会透露一丁点他的生活。戏码大同小异，不外是他今天又如何在班上被人欺负了、排挤了。

“他们说你什么？”

“说我是娘娘腔，成天跟女生腻在一起。”

“你会反驳吗？”

“我该怎么反驳？让自己的行为像个男生吗？不，我做不到，我试过了。”

贾宝玉叙述时，语气不疾不徐，从容得仿佛在说别人的事。

我想说出这些一定很痛，痛得他必须伪装成仿佛是别人的事，不是他的。

*

贾宝玉理所当然地考上明星高中，我在火车站附近一家简餐店请他吃饭。

服务生把饭菜上齐了，贾宝玉却没有动筷子，我催促他，他却突然抬头：“我有一个想了很久的问题。但你得先答应我，在我问了这个问题之后，你不能讨厌我。”

我未作多想，只是点头：“磨蹭什么，想问就问啊！”

他若有所思地看着我的脸。

过了好一阵子，他才谨慎地开了口：“我好像喜欢男生。”

我松了一口气："那又怎样？"

教贾宝玉的时候，我二十一岁，在大学早已交了一大票的"彩虹姐妹"[1]。

对于我的无动于衷，贾宝玉显得很雀跃，但他勉强按捺下去："老实说，每一次进入男厕，看到其他同学尿尿的姿势，我会有一种奇怪的冲动。我忍不住幻想，色情小说的情节发生在我身上。我偶尔会跟隔壁班的一位同学对到眼，当我们四目相交时，我会在心底期待他抱一下我。我这样子，是正常人吗？"

我放下筷子。

贾宝玉的问题触碰到两个关键。比起同性恋，有更棘手的问题。我们总是很难要求大人去相信，孩子也懂"感情"，甚至，孩子是有性欲的。贾宝玉十五岁，够大了。我告诉他："你是正常的。再说，性不是什么肮脏的事，拥有性欲也是很自然的现象。"

他点了点头，像是放下了心中的一块大石头。我们拿起餐具，开始用餐。之后的话题，多半是讨论他对于高中的愿景，他看起来又恢复了以往的从容。

贾宝玉上高中后没再联络我。我不由得去想，他选在那天问我那些事情，是不是看准了那是我们最后一次接触？为此我有些落寞，但这也是家教一职的常态，每年九月，学生进入新的人生

[1] 彩虹是同志平权运动常使用的象征标志。此处指作者的性少数群体朋友。

阶段，我们也得学习如何从他的生命中优雅地退场。

几个月后，贾宝玉发信息给我：“老师，我交女友了。”

“你喜欢她吗？”

“不喜欢，跟她交往越久就越不舒服。每一次，她对我伸出手，希望我牵她，或者她的脸颊凑过来，我都不禁反感得快要吐出来。”

“那你为什么要跟她交往？”我有些生气。

“我晚点打给你，会打扰到老师的行程吗？”

“我今天上课到九点，你九点半再打。”

“好的。”

晚上，贾宝玉打过来，时间一分不差。我猜，他想必是一边握着手机，一边注视着时钟，心急如焚地等待。

“我妈发现我在书房里的杂志了，里面有一些……唉，我直接说好了，是一些裸男抱在一起的照片啦。我妈平常就会翻我的房间，但那天翻得很仔细，连床底下都不放过。她看到那些杂志，当场崩溃了，说我很恶心。晚上立即召开一场家庭会议，找来我爸、奶奶，三个人轮流逼问我：‘你是不是同性恋？’我本来想承认，可是听到妈妈说：‘我上辈子又没做什么坏事，怎么可能会生出同性恋？’我又缩了回去，跟他们说，只是好奇，不是真的。”

“这明明就是真的。”

“我知道。”贾宝玉的语气带着埋怨，埋怨我的直接。

“对不起，我错了，你继续讲。”

“那一天过后，我妈很疑神疑鬼，成天紧张兮兮。她跑去建了一个脸书账号，只为了看我的动态。日常生活中她也不断警告我：‘妈妈这么爱你，对你这么好，你千万不可以去当同性恋，伤妈妈的心。’我被搞得很烦，根本不想理她，每天回家就躲进房间。我妈很聪明，改叫我爸来试探我：‘升上高中了，你是不是会偷偷找女朋友？我们都很期待你第一个女友。你不用害羞，有了就带回来给我们看看。’我爸跟我妈不一样，他个性很温和，对我很好，他是那种会坐下来好好跟你说的人。换我爸接手之后，天啊我觉得更烦了，我可以躲我妈，可是我不想躲我爸，我爸是好人，我不想让他为难。刚好那一阵子……”贾宝玉顿了一下，有些犹豫，接下来的话似乎令他有些难为情。

“怎样？”我有些紧张，叫他别再卖关子。

“刚好那一阵子，有个学姐跟我告白，我看她也不讨厌，就跟她交往了，还刻意在脸书上设定‘稳定交往中’，我妈看到很满意，整个人神清气爽，还叮咛我要好好照顾人家。”

“也就是说……”我斟酌着遣词用字，“你拿学姐当挡箭牌？”

“你要这样说的话，我也无能为力。”他的声音很沮丧，像是从低谷传来似的，“可是，老师，我好痛苦，每次学姐把身体贴上来，我全身都很僵硬。”

“你女友没有发现你的反应很不自然吗？”

“之前有，可是我骗她：‘我想珍惜你，我们的进展可以慢一点。’学姐暂时是相信了。不过坦白说，我不确定我还可以演多久。唉，这几天想学姐的事情想得都快精神分裂了。”

电话的另一端，他重重地叹了口气。

我握着手机，往后躺在床上，看着天花板，脑中一片空白，不晓得该如何协助。或许贾宝玉早已明白我什么忙也帮不上，他告诉我，只是想让这件事情的重量多一个人分担。

挂断电话后，我起身翻找贾宝玉的脸书，“稳定交往中”的淡灰色字眼不太醒目，倒是他的大头贴很显眼，小小的格子里，是他与一个长发女孩的合照，他们肩挨着肩，感觉很是亲昵，贾宝玉的笑容有些不自然，女生的笑容则很腼腆。

我觉得有些不舒服，飞快关掉了页面。

*

之后的日子里，贾宝玉一个星期会发两三次短信给我。内容很固定，都是他和学姐之间的互动。他正在经历一场很煎熬的感情，他不喜欢对方，可是答应要跟对方在一起，他觉得自己对学姐有一种无以名状的责任，在某种程度上，他相信自己必须去回应学姐的情感。在学姐期盼的目光下，他不得不跟对方亲昵。

他们的进展越深，贾宝玉就越不安，他很痛苦。在文字无法承载的情况下，他会放弃发短信，直接打电话给我，说到最后往往是以他小声的哽咽作结。他向来是个纤细敏感的小孩，讨厌假的事物，也不愿伤害人，跟学姐在一起，他第一次如此讨厌自己，觉得自己是个骗子，对不起学姐，但他又需要一位“女朋友”好跟父母交差。

贾宝玉不是个习惯和他人分享心事的人，他找我倾诉，而我不过是他相处半年的家教——这表示他找不到更好的人选了。其他人都太靠近他的真实生活，我的距离够远，只能听，什么也不能做，这是他最需要的，一个聆听而不介入的角色。

半年多过去了，贾宝玉发来一条短信：“我跟学姐分手了。”

底下附赠一个笑脸。

贾宝玉做事很严谨，前后具有高度一致性。他选择用短信的方式报告，而不是亲自打电话，我可以看出他的意思：他不想多加讨论这件事情。我回了一条短信：“恭喜。”

“学姐抱怨说‘你太奇怪了，不像是一般的男生’，主动跟我提了分手。我故意在我妈面前装出一副忧郁、深陷情伤的样貌。我妈姑且是信了，她大概有很长一段时间不会再开口讲女朋友的事情。这样很好，我交过一任女友，我证明过了。此时此刻，我的内心一片平静，我已经好久没有这么轻松了。老师，谢谢你，这几个月好痛苦，谢谢你的陪伴。”

这是贾宝玉发给我的最后一条短信。

我很清楚，他不会再跟我联络了。他想要完全放下跟学姐的事。

我倒是经常想起那张合照，想起画面中那个笑得很甜的女生。

偶尔，我会幻想，会不会有一天，我在街头与贾宝玉不期而遇呢？那时，他可能牵着一个男生，也可能是一个女生，都好，在我的幻想中，他很爱那个人。

第 8 个家
怪兽都聚在一起了

“在我对班级重拾归属感时，母亲又急着把我给毁了。”

Hear the monsters say

少年说

我恨我的父母。

干吗用那种眼神看我？不是在开玩笑，我很认真的。

这么多年下来，我认清了一个道理：我父母是毁掉小孩子的天才，他们生出我，再用尽手段毁掉我。老师，我知道你心底在想什么，你八成是在盘算：又是一个住在豪宅里、有钱人家小屁孩的无病呻吟。至少你的眼神是这样说的。

事情才没有这么单纯！

我花了这么久，去认清一件事："我这个人"与"我的父母"只能择一存在。别紧张，我这么说并不表示我会冲去厨房拿刀砍我的父母，相反地，我很清楚，以社会舆论而言，我父母的存在价值比我可观许多，该被消灭的角色是我。但是，我不敢死……老师你见过鬼吗？虽然很害怕，但我想要亲眼见证鬼的存在，想要有谁很坚定地告诉我，人死后，是以另一种形式继续存在的。这样一来，我或许能干脆一点地结束自己的生命。

好，我要认真说我的故事了，请给我很多的耐心，一旦你的表情不是我所预想的，故事就终止了，你别想再从我的口中得到半句话。不要觉得我是个怪人，我很久没有跟人好好说话了，事实上，我快丧失“和现实生活中的人”沟通的技巧了。今日，会想跟你坦承这些，或许是基于对老师的一点点信赖，也可能是因为这些事一直累积，已经到了不跟谁说就会爆炸的地步。

老师，你准备好了吗？

*

在“那件事”发生之前，我很乐观地相信，我是个再幸福不过的小孩。

自我有印象起，母亲在我就读的小学，至少担任过导护妈妈、爱心妈妈以及故事妈妈，等等，名称我不太确定，反正就是上下学时段维持交通秩序，每个星期有一天会来教室给同学们讲故事，或者学校举办活动时前来支援的角色。

起初，我很开心，可以在上学时间看见妈妈，带给我宛如生活在家中的安全感。母亲结束工作后，会很自然地造访我的教室，找我说话。最让大家羡慕的是，妈妈不会空手前来，她手上时常拎着几包小饼干，叮嘱我发给同学。段考前后的日子，母亲会更大方地订麦当劳请全班人吃，同学们好喜欢她，我也是。

我对妈妈的爱，在小学六年级那年的运动会后达到了巅峰。

那一年的运动会，对于我们全班有特殊的意义。上一届运动会，全校跑最快的纪律委员在倒数冲刺时摔了重重的一跤，我们班从第一名掉到第四名。台上颁奖的时候，我们在台下哭成一团，纪律委员更是不计形象哭得满脸鼻涕眼泪。

因此，六年级的运动会，我们承载着非赢不可的压力。不仅赛前的训练做得非常扎实，放学后自愿留下来练习的人也十分踊跃。班主任说，我们一定要在今年大队接力的项目中夺冠，给小学生活画下没有遗憾的句号。听到这句激励之言，有不少人红了眼眶，包括我在内。

运动会那天一早，学生家长的捐赠如洪水般地涌入班级。有一整箱的运动饮料、堆得小山似的零嘴和饼干，也有家长扛了两锅自己煮的绿豆汤和炒面过来。

十一点多，顶着烈日，我们不负众望，把其他班的选手甩在身后，得了冠军，颁奖时全班同学抱在一起，又哭成一团。我们一路欢呼地回到教室，一踏进门内，大家一个接一个发出惊叹声，只见讲台上摆满了一袋袋的比萨、炸鸡和薯条。分量很充裕，绝对不会有分配不足的问题，这点我很有把握，母亲是个细心的人，她在做事之前，会把所有可能的后果都考虑在内。

同学们兴奋地拆开纸盒，大口大口地吃起来。

母亲站在讲台上，用平常讲故事的温暖声调说：“你们年纪虽小，却这么认真地参与运动会，阿姨看了很感动，要好好请大家吃一顿。大家辛苦了，你们真是好孩子！”

妈妈一席动人的言语，成功收服了大家的心。

“汉伟，你有这样的妈妈真好！”类似的声音此起彼伏。

我最好的朋友——王卷毛——往我的肩膀揍了一拳：“可恶，我也好想有这样的妈妈噢！”

王卷毛的拳头落在身上，不痛，一点也不痛！

我太开心了。我的妈妈是最好的妈妈。

可是，运动会过后一个月，情况逐渐超乎我的想象。六年级是小学的最后阶段，据说小孩子的心性会在这一年产生很幽微的转变，我很赞同这样的说法，我就亲身经历了这样的转变。

班上开始有一些流言蜚语。

“蔡汉伟的妈妈好烦，她为什么要一直跑来我们教室？”

“哼！真会用钱收买人心，若没有他妈妈，谁要跟蔡汉伟当朋友……”

“班主任也被收买了！你有没有发现，班主任对蔡汉伟说话时特别温柔？”

我很讶异，一个月前，我们还在同一间教室，一同吃着我妈买来的食物。一边咀嚼比萨、炸鸡，一边口齿不清地吐出“阿姨真是太好了”的嘴巴，如今却讲出如此阴险的话语。

在十二岁的年纪，我被迫认识到：不要以为小孩子是没有恶意的生物。

在这个社会上，有一派人主张：“小孩本性善良，会做错事一定是受到外界不良因素的诱导。”

抱持这种观点的人，一定没有认真品味过童年。小孩子是一种充满恶意的生物，必须随着年岁渐增，受到礼教的规训之后，才会学习收敛，或者懂得包装自己的恶意。

虽然深刻厌恶着同学们的无耻，但是毕业旅行快到了，我不能让自己落单。因此，我不得不检讨一下自己遭到排挤的原因。我用了几堂课的下课时间来思考，这才很讶异，所有人的妈妈，无论是家庭主妇还是职业妇女，她们把小孩送来学校后，便不再干预，心甘情愿地回家或工作去了。其他的导护妈妈在结束任务之后，多半会三五成群离开校园，唯独我妈妈会脱队跑来我的教室。

当天，妈妈载我回家的路上，我故作老成地说：“妈妈可以不用再来我的班级了，我已经升上六年级了，要学会独立，自己处理自己的事情。妈妈多把心思放在妹妹身上吧。”

闻言，妈妈露出了哀伤的神情。

我也很难过，觉得和妈妈之间生出了一道裂缝，不如从前亲密了。

但是，和妈妈之间生出裂缝后，我和同学的关系反而越来越亲密。下课十分钟，王卷毛又会来找我讨论最新的游戏通关进度了，又有同学揪我一起去学校商店买点心了。

在我对班级重拾归属感时，母亲又急着把我给毁了。

如今想来，那只是一场很普通、很平凡的意外。我跟几个同学在穿堂玩小学男生爱玩的游戏：比力气。比到后来，大伙扭成一团，一边大笑一边转起圈圈，不知道是谁突然放了手，我被甩了出去，头撞到了墙壁上。上课钟声响起，众人一哄而散，我踉跄地爬起身，忍耐着眩晕，缓慢地走进教室，完成下午四节课程。

回到家之后，头晕的状况仍未好转，我吃不下任何东西，只想睡觉。到了七八点，我忍不住了，从床上爬起来，去客厅找妈妈，才说出“我好想吐”四个字，便弯下腰，哗啦啦地吐出一地的黄绿色黏稠物，是营养午餐的凉面和花椰菜。

“你是不是食物中毒了？”

“不是。”我摇摇头。

“那到底发生了什么事？”妈妈的脸上布满了担忧。

我没有想太多，把下午发生的事情简略地报告了一下。

听我说完之后，妈妈的眼神变得很锐利。

我一恢复到可以坐直时，她就把我带到餐桌边。她手边放着纸笔，很温柔地在我耳边说道：“来，好好跟妈妈说，是谁跟你一起玩游戏？几点的事情，那时候老师在做什么？”

如果我那时候抬起头来关心一下母亲的表情就好了。

妈妈那时候的脸色，一定很叫人害怕。

可惜我头太晕了，只想快点躺回床上休息，便毫无保留地把事情的前后告诉了她。

隔天一早，先去医院报到做检查。做完检查，妈妈把我带去学校。

车子停在校门口的时候，我很吃惊，医生说我必须静养一阵子，我以为妈妈会帮我请假。

她牵着我的手，像台风一样刮进了教室。

那时正在上生物课，生物老师是个即将退休、留着一头漂亮白发的老先生，姓氏我已忘了。

妈妈只说了一句“不好意思，先借一下麦克风”，也不问生物老师的意愿，便把麦克风从对方手上接了过来。她手中握着一张黄色字条，清晰地念出和我玩耍的同学姓名。

我背脊发凉，这才意识到，前一天我说话时妈妈忙碌的右手究竟在记录些什么了。说来有些悲哀，由于母亲勤跑我的教室，对班上的同学了如指掌，她知道每个名字和对应的长相。有些人呆坐在椅子上，不敢抬头，失去耐心的母亲冲去他们的位置，把他们一个一个地揪了出来，说：“你们全部给我出去，我们到外面谈。”

为了不干扰其他学生上课，所有人集合在离教室不远的主席台上。

有些人埋怨地看着我，有些人一脸惊慌失措，瞪着眼，嘴巴微张。

我很不想站在我妈旁边，怕别人误会我们是同一国的。

班主任正在走廊尽头的教室上课，一接到消息，便放下正在进行的课程，迈开步跑过来。当她看见吓作一团的学生和被母亲架在身后的我，五官扭曲成奇异的模样。

母亲明确地下了指令，要班主任联络那些同学的家长。

“这些人的父母必须到校，厘清事情始末，谈论后续的赔偿事宜。”

班主任愣了一下，母亲不耐烦地催促：“老师，你还站在这里做什么？”班主任看了母亲以及她背后的我一眼，又回头看看其他学生，像是下定了什么决心似的，走进教师休息室。

一个小时内，所有的家长陆陆续续抵达了。与其说是家长，不如说是母亲更贴切，里头没有一位父亲。那群母亲看着冷汗直流的小孩，以及表情凝重的班主任，不禁也变了脸色。她们焦急地问道：“我的小孩怎么了？”“为什么他得在这里罚站？”

接下来的几分钟，母亲一个人把那七八位母亲狠狠地羞辱了一顿。

“你们这些家长，平常根本没有尽到为人父母的教育责任。和同学玩闹时必须控制力道，否则很可能会害别人受伤，这不是很基础的教养吗？你们却疏于管教，导致昨天发生了这么严重的意外。今天一早，我带我儿子去医院做了检查，医生说有轻微脑震荡，必须追踪观察三天至一周。这几天的医药费、看诊费以及我和我儿子的精神创伤，你们全体必须赔偿！”

所有的母亲中，就数李亦杰的母亲表情最难看。李亦杰家是低收入户，班主任允许他可以打包每天的营养午餐。运动会剩余的食物和饮料，也是由他带回家。

“你们这些失职的父母，教养出一堆出手不知轻重的小孩，最后受害的反倒是我的儿子。我在乎的不是钱，而是你们那种无关紧要的态度。”

母亲看向瑟缩在一旁的班主任：“你也有错，不，认真说起来，错得最严重的人是你。学生们年纪轻，玩耍不知道力道，让同学受伤了，情有可原。你为人师表，学生游戏时没有尽到看管的义务也就算了，等到学生实际受伤了，还糊涂得不知道提醒家长。做老师的，你不难为情吗？要不是汉伟在家里吐了，我可能还被蒙在鼓里，毫不知情！”

平常总是充满朝气的班主任，像个孩子一样，局促不安，扭着双手，静静挨骂。

“我把我的小孩送来学校，是为了接受教育，我儿子回到家却吐得不成人形，刚刚医生说我儿子可能有脑震荡，你叫我怎么办？我儿子是全校前几名，他的脑袋若出了什么毛病，你拿什么来赔我？你去哪里给我找一个健康无虞的小孩？”

班主任的头一低再低，肩膀抖了起来，很明显，她在哭。几名学生见到老师哭了，也先后跟进，扑簌簌地掉下眼泪。哭的人多了，哭声便大了起来。

一位家长再也按捺不住，跳出来说道：“汉伟妈妈，你的儿子撞到头，大家都很遗憾，我们也有赔偿的诚意，没有要逃避的意思。只是我希望你可以稍微控制一下你的情绪，让我们理性地讨论这件事情。你怪我们，我们没有话说，的确我们做家长的在管教上松懈了。但你把矛头指向老师，未免有些逼人太甚。全班有将近四十个学生，当时又是下课时间，你要老师一个人去监督全班四十人的动态，不是强人所难吗？”

说话的人是陈力成的母亲。

母亲冷笑一声，以不友善的眼光上下打量着她：“今天撞到头的人要是你儿子，我不信你还能站在这里说风凉话。你是陈力成的妈妈吧？在纠正我之前，你要不要先好好看一下你自己的儿子？我没记错的话，你儿子的课业成绩好像是倒数的，据说还有些多动的倾向。知道自己的小孩多动，不把小孩送去特教班，坚持要留在普通班接受正常教育，这种想法非常自私，说不定……是你儿子把我儿子摔到墙壁上的，你要承担大部分的赔偿责任吗？”

陈立成的妈妈闭上了嘴巴，不敢再讲一个字。其他家长见状，也跟着噤若寒蝉。

母亲的嘴角露出胜利的笑容。

我发誓，我没有说谎，在那时候，我母亲的确露出了胜利的笑容。

母亲神气地把我带离了主席台。我们走到车子旁，母亲微微屈低了膝盖，视线与我对齐。

我后来长到了一米七八，但小学六年级的我是个不到一米五的矮子。

妈妈笑吟吟地对我说：“不要害怕，无论你长到多大，妈妈都会保护你的。”

听到这句话，我宛如在冬天被扔进游泳池，全身冰凉。

自那天起，我在学校的日子变得更难过了。我穿过人群时，可以听见那些细碎的字句：“哎，他就是那个……”“对，听说他妈妈很……”“所以是他让班主任……”

待距离拉近，人潮随即就地解散，其中有些人会回首看我一眼，掩嘴嘻嘻笑起来。看似未完成的语句，其实已经很完整了。我说过了，小孩子很擅长毫不修饰地传达恶意。

我期待已久的毕业旅行泡汤了，没人愿意跟我一组，跟我睡同一间房。为了不给班主任增添困扰，我在调查栏上勾选了“不参加”，班主任没有多问，冷冷地接过我的单子。

我跟母亲说，毕业旅行太浪费时间了，宁愿待在家里读书，母亲不疑有他，爽快地答应了。

我以优异的成绩自小学毕业。上台领奖时，可以清晰地辨识到来自我班级的方向射来大量咒骂的视线。我给自己打气：不要在意，升上初中后，我就可以甩掉这段过去了。

以上是母亲第一次毁掉我的故事。

我这么说，无非还有第二次以及第三次。

老师，你知道小孩子最怕什么吗？

小孩子最恐惧的事情，很好懂的，那就是：跟别人不一样。

*

以下是我进入初中生活的部分。

在我念幼儿园时，举家从台北搬回台中。父母之所以挑中我们目前的住址，有很大一部分原因是为了学区。我家方圆五公里内，有一所升学率很好的明星初中和一所声誉不错的高中。小学毕业后，依照编制，我进入那所明星初中就读。

注册日，我看见陈力成、李亦杰以及他们的母亲。陈力成的视线与我的视线在空中交会，我赶快别过了头，祈祷他不要发现我。

母亲心情很好，这所初中的设备很先进，师资又雄厚，她满意地带着我逛校园，左右张望。

母亲没有注意到我发白的脸与颤抖的肩，我的双手逐渐湿润，流满了汗。

太天真了，我竟以为可以和那段过去道别，我忘了，当我的父母打着学区的如意算盘时，其他人的父母也在想着同样的事。“毕业就能解脱了”，这是多么不切实际的想法啊！

从母亲手上，我接过全新的制服，眼前是一片无止境的黑暗。

我对于人性的认知没有出错。

我在小学的“事迹”很快传遍了新的初中。在他们眼里，我像是街上的垃圾。

老师，你可以分辨屎与垃圾这两者之间的差别吗？分辨不出来吧？你看起来就是那种一路都很顺遂的资优生。那么，让我这个人生被搞得乱七八糟的劣等生来回答你吧。答案很简单，你看到屎会皱眉，会很厌恶吧？但垃圾比较特别，垃圾在上一秒钟可能是有利用价值的，例如不久前握在手里的铝箔罐，喝光里头的汽水，它就成了垃圾。

这就是我在初中的待遇。

我的成绩不错，经济上，父母给了我不少零用钱，同学们有求于我时，会勉强表现出友好的姿态，像是握着还剩一口汽水的铝箔罐，或者要我帮忙作弊，或者要我借钱给他们，一旦他们从我手上取走了残余的价值，头顶上立即出现清晰的读秒：“好想快点找到垃圾桶，把这垃圾丢出去啊！”更多时候，他们看到我，会隔开一段距离。

“好想死”的念头，差不多是在那个时期形成的。

我没有跟父母陈述自己在学校受到怎样的对待，“脑震荡事件”后，我不再信赖我母亲了。

初一下学期，一个女生的出现，为我惨淡的生活捎来了清新的气息。

她太完美了，我在心底喊她女神。

女神是转学生，来自单亲家庭，父母离婚后，女神跟着母亲搬到台中来。

女神也是遭到放逐的目标，她身上时常散发出面包酸掉的异味，衣服老是穿同一套，鞋子、袜子更是脏得不该出现在青春期少女的脚上。

我们皆是班上的边缘人，被划分到同一个族群里。说是“族群”，其实成员只有我们两个。没有选择的我们，和对方成了朋友，我感到很踏实，再也不用担心分组时像被拣剩的水果那样，必须忍耐他人的指点与挑剔。

女神和母亲以及母亲的男友住在一起。她告诉我，叔叔看她的眼神令她很不舒服，害得她不敢在家里洗澡，只好趁放学时使用残障厕所的冷水擦一下身体；至于泛黄的衣服、鞋袜，是因为她只有一套制服，母亲没有外出工作，家中经济只能仰赖叔叔打零工的钱。

除去身上的异味，女神长得很清秀，我有时看着她，心里会有奇妙的感觉。

女神说，这世界上没有人需要她。

我急忙纠正她，至少我个人非常需要她。我没有说谎。

我交给女神几千块，也从家里倒了一小瓶专柜品牌的沐浴乳给她。我叫女神多买一些衣服、鞋袜，换下来的就交给学校附近的洗衣店处理。

父亲一个星期只给我一千元的零用钱，为了拯救女神，我从爸爸的书房拿了好几张千元大钞。我爸是做生意的，他的抽屉里放着好几沓千元大钞，抽走几张不算什么。

回到家之后，我把自己锁在房间里，打电话给女神。我们一聊就是三四个小时，她时常被我逗得哈哈大笑。不能联络的时候，就改发信息。我不是个擅长写作的人，不知怎么，每次写给女神的信息，往往甜蜜得连我自己也感动不已。

我的排名一落千丈，我不以为意，女神是我新的生存意义，我需要她，她是世界上最需要我的人，我不能没有她。

圣诞节那天，我向她告白，女神点头了。

那一秒，我觉得自己好幸福，我可以抛下所有的不愉快，只为了她而活。

我们之间的身体接触也以惊人的速度推进。交往两个月后，女神主动把我的手塞进她的制服。隔了几天，在我的哀求之下，她允许我隔着衣服抚摩她。

寒假时，女神回外婆家住，不好打电话，我很想她。餐桌上，我吃着母亲煮的咖喱，顺手发了条短信："好想你，好想摸摸你……"

不到一分钟，女神回信了："你那么想我？"

"当然，想死你了。"我一边叉起盘子里的牛肉塞进嘴里，一边敲打手机键盘。

"只要你这阵子乖一点，开学的时候，我可以考虑一下要不要试试别的。”

看到这条短信，我的耳根子涨红。

母亲走过来，问我要不要再来一些汤，我摇摇头，换了个坐姿，遮住裤裆。

“你在看什么？怎么笑得这么开心？”母亲问。

“没什么。”

千万不能让妈妈知道女神的存在，否则妈妈会再次毁掉我的幸福的。

唉，我的想法还是太天真了。

*

洗澡时，我习惯把手机放在浴室外的置物柜上。

那天，我湿漉漉地从浴室走出来，找不到自己的手机，便小跑回房间。父母已经站在房间里等我了，父亲双手叉腰，母亲则满脸阴郁地立在他身侧。

“你必须跟这个女生断绝来往，不然我给你转学。”父亲说。

“不可能，她是我的女朋友。”

“你被骗了，我问过老师了，这个女生是单亲家庭，妈妈离婚没几个月又交了一个男朋友。这种背景的女生，思想一定不干净。你们不能在一起。”母亲说。

“为了你好，这几天手机先放在我这儿，等你想清楚了再来找我拿。”狡猾的父亲避掉了“没收”这种字眼，装出很大方的姿态。

走出房间时，母亲转过头来，似乎想起了什么，以一种很哀戚的声调说：“不要怨我们，做出这个决定，我们当父母的可是比你还要心痛啊，你不会懂我们有多担心你。”

*

老师，不妨快转到下一幕吧，反正你老早就从我父母那边得知了，我初中念了两所学校。嗯，我父母给我转学了。他们认为这是个一劳永逸的好方法，只要我和女神多一天保持接触，他们就多一天不能心安。另外一个关键是，我快升初三了，他们向来很在意我的成绩。

我的父母不顾我的意愿，给我办了转学。

如今回忆起来，仍让我痛苦得想死。

那天早上，六点四十五分，我穿好制服、袜子，书包也收拾好了，坐在自己的床上，指针走向六点五十分时，我起身，下楼梯。一进到客厅，我的心中立即浮现了不祥的预感：平常日子的六点五十分，客厅里只会有父亲一个人，母亲总是先载两个妹妹去学校。那天的客厅里，却有父亲与母亲两个人，他们坐在沙发上，一见到我，同时露出一种复杂的神色。

“爸，我们走吧。”我故作镇定地说。

“从今天起，你不用去H校上课了。”父亲说。

“我们帮你转学了，从今天起，你是Y校的学生了。”母亲说。

我活像是误入他人摄影棚的演员，对于场景的排列、陌生的情节感到手足无措。好长一段时间，我只能看着他们，口干舌燥，嘴巴开合了好几次，吐不出半个字。

我的理智重新接上线后，说的第一句话是：“我要回H校上课。”

“你的学籍已经换到Y校了，纵然你进去H校，也会在警卫室被挡下来的。”母亲说。

“你不再是H校的学生了。”父亲说。

“在新的学校，忘掉那个女生，好好展开人生的新一页吧。”他们一起说。

我看着他们，他们的形象逐渐歪曲成两只怪兽。

我转身，奔回自己的房间。美工刀安静地躺在抽屉里，散发着淡淡的银光。我拿起刀，划破窗帘、枕头、床单，但凡落入视线的布料，无一幸免，全被我割成条状。美工刀最终落在自己的手腕上，我轻轻施力，血珠流了出来，痛！痛死我了！我缩回手，美工刀掉在地上。

对于自己“原来很怕死”，我感到极度羞耻。

无法以割腕来明志的我，在大哭之后，只能懦弱地苟活下去了……

翌日，我站在Y校门前，流下眼泪。

父亲拍拍我的肩膀："你很乖，做得很好，在大考前更换新环境是一件很痛苦的事，你可以走过来的。记住，家人是永远不会背叛你的，家人是永远和你站在同一边的人。"

我泪眼模糊地看着父亲，在我眼中，他变得有点不像人类。

去Y校后，我与女神彻底失联了。

母亲更换了我的手机号码，我打给女神，想告诉她我的新号码。我打了一百次、一千次，话筒那端的回应始终只有："你的电话将转接到语音信箱。"

我的父母不知道跟女神说了什么，她不再接我的电话了。

我成了Y校的红人。

我拒绝任何一场考试。考卷一发下来，我立刻趴在桌上睡觉。初三的考试很多，考期越近，我睡觉的堂数越是节节高升。老师气得发抖，在全班同学面前羞辱我，要我罚站、跑操场、交互蹲跳，甚至拿藤条抽打我的手心。我像是个没有感觉的人，不发一语，面无表情地接受老师的处置。老师对我消极的态度很是敏感，他对我的体罚日益离谱。有一天，他很得意地站上讲台，宣布最新的惩罚："蔡汉伟没救了，从今天起，我不管他了。你们也是，俗话说近朱者赤，近墨者黑，各位同学，最好跟这种人保持距离啊！"

起初，听到老师的处置，我的心脏缩成一团。但片刻后，我已适应得很好。别害怕，我安慰自己，类似的事件，早在小学跟H校就已体验过了，我这次也能驾轻就熟的。

老师不管我，我在Y校的日子过得很惬意，不是在睡觉就是在看漫画。

好几次，母亲红着眼睛问我："你这孩子到底怎么了？要怎么做你才会重回正轨？"

"让我跟她说说话，一句话也好，拜托你……"这是我唯一的请求。

母亲突然收起了泪水："你想都别想！"

"只要让我和她说说话，我就会念书了。"

我跟母亲类似的对话，循环了好几次。有一天，母亲没有回嘴，只是交给我一张字条。

是女神的字迹，上头写着："我交新男友了，对不起，你转学之后我好孤单，很需要别人的陪伴。我对你很愧疚，不好意思见面说话。忘了我吧，这样对我们都好。"

握着字条，我低下头，哭了起来。我没有像父母所期待的重新振作起来，相反地，我过着更自暴自弃的生活。考试时，我胡乱填了一下答案随后趴在桌上睡觉，五科都是这样。自收到字条的那天起，对于自己的人生，我一点也不在乎它的走向了。"随便你""都可以"成了我的口头禅。

发榜的早晨，母亲用电脑查询，过了几分钟，她关上屏幕，没有再说话。

我考上了一所不怎么样的高中。

有一点倒是不吐不快，H校的毕业旅行安排在初三上，Y校的则是初二下。

延续小学的诅咒，我没有参与毕业旅行。

老师，你可能觉得我是个很傻的人，只是一段感情，干吗把自己搞得这样落魄？容我实话实说吧，你这样理解是错的，女神之于我，不仅是情感的伴侣，我爱她，有更大一部分的原因，是她愿意接纳最丑陋的我。一般人在谈恋爱时，无一不是绞尽脑汁地表现出自己最美好的一面，我跟女神的相遇全然不是这么回事。我是班上避之唯恐不及的垃圾人物，女神身上弥漫着令人介意的味道。我们能够在那样的前提下牵起对方的手，没有谁的感情比我的更真实了。

*

好，我们休息一下。先谢谢老师你这么有耐心地听到现在，以下的桥段，你应该比较熟悉了，因为，你也出场了。升上高中之后，为了抢救我烂到谷底的课业，我的父母前后聘请了两位家教：你跟颜老师。你和颜老师有个共同特质：说话有趣，让人忍不住想亲近你们。在此，我得坦承，我很感谢你们两位的参与，跟我的母亲不同，你们很愿意花时间听我长篇大论。

我原先很抗拒家教，几个月下来，反倒很期待你们每周两次的到来。

颜老师说，我现在读的这所高中，跟我从前的生活圈有段距离，没人知道我的过去。只要把成绩拉上来，又能恢复小学风云人物的日子。我听了很心动，待在谷底久了，颜老师看出来，我很怀念小学六年级之前的时光。

在你与颜老师的协力帮助下，半年内，我的校排名戏剧性地从一百八十几名跳到了前二十名，物理段考拿下两次全校最高分，老师跟我说话的态度变得很友善，下课时段，来找我的人一天比一天多。许多同学拜托我教他们物理，我好得意。

上学之于我，又成了一件可以期待的事情。

可是，总是这样，在我追求幸福的过程中，我的父母也躲在我的背后虎视眈眈，觊觎我所拥有的一切。于是，在我又能挂上微笑的瞬间，他们也展开行动了。

我高一英文挂科了，那是老师你负责的科目。

我告诉母亲，三次段考，我都及格了。但我没有说明的是，老师指定的小考、随堂测验以及作业，我全都没有交。为什么？因为懒吧。你不能要求一个甫从深渊爬回来的小孩，立即准确且精实地重建自己的人生啊！不要生气，你也清楚我说的是实话吧。

老师，对不起，你被母亲狠狠地责备了一顿。这不是你的错，是我，是我漏想了这个环节，请了家教，就表示从此有人得为我的学科成绩负责。

“老师，我们花这么多钱请你，就是要你看住他啊！怎么会出这种纰漏呢？”

“你居然忘记问他在学校的情况，真是太大意了！”

“果然是年轻的老师，历练不足，颜老师当了专职家教十几年，可不会犯这样的错。”

听着母亲对你的责备，我良心有些过意不去。明明是我的错，母亲却不骂我，反而去怪罪一个星期顶多出现六小时的家教，这就是所谓的代罪羔羊吧。

“我们必须去学校一趟。”两只怪兽交头接耳，下了指导棋。

老师，我看着你，心中生出怜悯，他们不会放过你的。

“老师你也跟着来吧，这孩子英文的学习情况，你最熟悉了。”母亲换上亲切的笑脸。

果然。我说得没错吧。

老师，很可惜你看不见自己的反应，真是令人印象深刻。脸上虽写着“谁要去啊？”“凭什么我要去学校和老师对话？”“该怎么拒绝才不会丢了这份工作？”从唇齿间迸出来的话语却是：“好的，那我跟你们一起去学校吧。”

大人好虚伪，有人说小孩长大后会变成大人，我不能接受这样的说辞。

我可不会放任自己成为像你们一样的生物。

*

英文老师姓葛。我们抵达教师休息室时，葛老师显然已得到通知，她坐在沙发上，一脸严峻地看着我们，细软的头发梳得很整齐，很符合她自律甚严的作风。

“老师，我需要一个交代，我儿子三次段考都及格了，我承认他平日是懒散了一点，但你为什么不能通融一下，给个六十分也好，为什么非得让这个孩子不及格呢？”

葛老师没有立即回应，她站起身，从身后的柜子里取出一本很厚的蓝色资料夹，在注有“日常成绩”的夹层里取出一张纸：“这是全班的日常成绩，八次小考，十次作业。”

她纤长的手指落在一行醒目的空白上：“这是蔡汉伟的日常成绩，看到了吗？是空白的。你的儿子，一次考试也没参与，一次作业也没交。你可以看一下其他同学的得分，只要有考试、按时交作业，我的给分是很宽容的。”

我偷觑了一眼，大家大都是八十分起跳，最低的也有七十五分。

不苟言笑的葛老师，在日常成绩的项目给分这么“甜”，我对她有些改观了。

母亲把那张纸接过来，专注地检视，眉头越锁越紧。

葛老师不卑不亢：“我不是要故意为难你儿子，相反地，我是在帮他。高中英文不好拿分，只以段考成绩计分很容易打击到小孩的自信，我尽量通过日常分数来提升学生们的总成绩。可是，汉伟妈妈，蔡汉伟一次作业也没有交，他自己不努力，我怎么帮？”

母亲转过头来，肩膀一带的骨头发出咔嗒的声响。

“为什么不交英文作业？”

这下子，教师休息室内所有人的视线都聚集在我身上了。其他老师佯装忙于手上的事务，眼角余光偷偷关注着沙发这里的动向。我成了主角……这样说似乎怪怪的，毕竟我从事件起始就是主角了，好吧，修正一下我的说法，此刻，镁光灯终于打在我这位主角身上了。

糟糕，我有点兴奋，这样不对吧？

清一清喉咙，我刻意以一种很吊儿郎当的口吻说：“我也不知道，我就是不想写。”

我的回答得到了绝佳的效果，母亲的脸歪向一边，嘴唇不停地颤抖。下一秒，她哭了出来。当着所有老师的面，她把脸放进掌心，认真地哭了起来。见状，我的脸也歪了，天啊，她是嫌戏剧张力不足吗？居然就这样哭了。

“葛老师，你也看到了，我的儿子这么有主见！他一句‘我就是不想写’，我们做父母的，难道能逼着他去考试，架着他去写作业吗？”母亲把握镜头，继续发挥她惊人的表演天分，“是我们夫妻没有用，管不动自家小孩。可不可以请你再给他一次机会？才差两分而已，只要你帮他加上两分，他两个学期的平均分就过六十了，老师，我求你了……”

葛老师脸色铁青，母亲这一招奇袭乍看之下奏效了。

我回过神来，津津有味地打量着眼前瞬息万变的局面。

老师，那个时候，你一定打心底憎恶我那置身事外的态度吧。看起来很欠揍是吗？只是，你不妨想一下，乍看之下，这是我的人生，但实际上操盘的是那对合作无间的怪兽。

日子久了，我还会对自己的人生感兴趣吗？

废话就不多说了。

葛老师不愧是教书近二十年的王牌老师，她没有被母亲骗上舞台，随母亲一同起舞，相反地，她很快镇定下来，把掌心覆盖在母亲的手上，很慢、很沉重地说："成绩已经送出去了，如今我也没有更改的权力。汉伟妈妈，我可以理解你此时此刻的心情。但是汉伟已经十七岁了，眼看着就要满十八岁，他快成年了。在法律上，十八岁已经要负担完全的刑事责任了。做父母的，是否该放手让孩子成长呢？"

我几乎要为葛老师喝彩了，跟小学六年级一下子被打爆的菜鸟老师不同，面对我妈凌厉的攻势，她不但成功抵御，还做出了漂亮的反击。

情势逆转，视线又落到我妈身上了。她没有说话，只是直直地瞪着葛老师。

葛老师要赢了吗？老师，若你曾经闪过这样的念头，哪怕是一秒，也是很不应该的。

可以毁掉自己小孩的怪兽，怎么可能会输呢？

"葛老师，我知道你未婚，也没小孩。我很期待，等你有了小孩，会怎么教育他？你自认会教出一个成功的小孩吗？我非常想知道，今天，倘若是你的小孩站在这里，你也会像现在这样，坚持毁掉一个年轻人的未来和人生吗？”

我不用看也能想象，在场所有人，包括支着耳朵偷听的那些老师，全都脸色大变。

葛老师抽开手，身子往后退，眼眶迅速地涨红。她的嘴巴张了又闭，像鱼在吐泡。她教了我一年，我没见过她这么狼狈的样子。

等候多时的父亲发声了：“我们走吧，跟这种人说话没有用。”

父亲站起身，居高临下地看了葛老师一眼，没有说再见，大步地迈出教师休息室。

老师，我能原谅你当时惊愕的呆样，我跟你说了好几百次，我的父母在跟你打交道时，总表现出一副他们很爱我的模样，以及他们是多么敦厚纯朴的父母，那是假的，是表面。你起初不肯相信，还质疑我不知感恩。俗话说，百闻不如一见，这次把老师牵扯进来很不好意思，但让你亲眼见识一下这对夫妻的真面目，我想是很值得的经验。

葛老师是很受学生爱戴的老师，她很严格，但她的严格是经过思考的，学生可以感受到她背后的用心良苦。大家喜欢抱怨她，然而那些抱怨不失撒娇的味道。

葛老师和母亲的精彩对决几日内传遍了校园，这根本是脑震荡事件的翻版，我又被孤立了，前一天还在同我说笑的同学，看着我的眼光充满了忌惮与猜疑。不同的是，大家好歹是高中生了，排挤的技巧升华了，他们不会当面表露对我的鄙夷，但我听到了一些风声，班上的灵魂人物在脸书上创了一个社团，叫作“妈宝蔡汉伟”，我贿赂其中一个社员，叫他把页面打开给我看，浏览了几分钟后我关上了，看太久有碍身心健康。

纵使我有满腹的牢骚，还是快进一下吧，否则这故事的重叠程度未免太高了。

“妈宝蔡汉伟”社团建立约莫一个月，我认清这个班级已无我的容身之处，得另寻出路了。我开始和校内一般人口中的“不良少年”走得很近——老师这辈子不认识几个吧，全部科目加起来不到一百分，不仅被家长放弃，也被学校放弃的那种人。

不出几个星期，我在新的团体建立起自己的地位。我拿什么来说服他们呢？不用想也知道，是钱。或许是身为长子的缘故，我的父母对我一向很慷慨。我出借昂贵的游戏设备，正版球衣、球鞋，必要时直接借钱给他们，他们簇拥着我，而我，则像是君王般，随性指出今日施舍的对象。我的开销越来越大，拜访父亲书桌的次数也越来越频繁，必要时，我也光临过妈妈的皮包，嘘——请保密，老师不想害我难做人吧？

团体中有个女生很黏我，她的神韵跟女神有些近似，看着她，会唤起我许多甜蜜和痛苦的回忆。星期五最后两堂社团课，我们会很有默契地想个借口，溜到高职部顶楼的残障厕所幽会。段考前的周末，我们偶尔欺骗自己的父母，说要去图书馆念书，其实是跑去旅馆。

没有一家旅馆提出检查证件的要求，这点我的朋友老早就告知了，但是第一次毫无障碍、轻而易举地坐在旅馆的床上，令我有些怅然若失，少掉违法的刺激感，这件事也不太酷了。

老师，你的表情好好笑，有那么不可思议吗？也对，老师大我七八岁，一路念的又是第一志愿，在那种干净的环境长大，脑袋容不下半点肮脏吧。

现在女方的父母要告我，除非我们赔钱和解。真是莫名其妙，我在这件事中一直处于被动，也不是只有我一人有责任。唉，只因为我是男生，才让对方的家长有了可乘之机吧。

老师，你差不多要被辞退了。我的父母要放弃我了。

我妈说，她累了，也受够我了。

说这些话时，她突然拿自己的头去撞墙。我吓坏了，搞什么啊，我才是真正活腻的那个人好吗？她凭什么抢先一步，说她累了？

据称他们这次要把我送去国外，进行更进一步的改造。

老师，再见了，很遗憾我们是以这种形式道别。

母亲说

老师，我不知道我的儿子跟你讲了什么。请你听听就好，不要放在心上，我的儿子很聪明，也很擅长说谎，他说的内容，有很大一部分是出自他个人的误解与妄想，他总是无所不用其极地把我给妖魔化。我想跟你澄清一下，我们不是汉伟所描述的那么可恶的父母。

事情演变到这种局面，我一直想不通，到底在哪一刻，我失去了这个大儿子。

听完我的解释之后，方便给我一些头绪吗？

我和丈夫均出身农家，体会过穷苦的日子。我是长女，很早就牺牲了学业，进入城市赚钱供养底下的弟妹。先生是长子，比我幸运一些，整个家庭把所有的资源都集中在他身上，资助他完成大学教育。我与先生在公司认识，他是主管，我是个小职员，在他的鼓励下，我拾起荒废已久的学业。拿到高中毕业证书当晚，他向我求婚，我没有第二句话，点头答应。

我所接受的教育是这样的：把生命中的所有事情都视为义务，不讨论权利。赚钱养家是义务，时间到了踏入婚姻是义务，生小孩是义务，照顾父母直至他们老死是义务，为孩子牺牲奉献是义务，孩子长大了反哺老迈的双亲，自然也是一种义务。

坦白说，我不曾怀疑这些义务存在的本质，以及为什么自己要受到这些教条的规训，我接受了，并且在接受的过程中寻找某种程度的安全感，也可以称为信任。我信任自己，信任丈夫，也信任社会上其他陌生人会毫不犹豫、毫无怀疑地履行这些义务。

如此一来，这世界将会依循着稳定的秩序运转。这一代的人养育下一代，下一代的人养育下下一代……而今看来，我的想法好像太梦幻了。

在我那个年代，夫妻不太可能把情爱挂在嘴边，比较贴切的字眼是“道义”与“责任”。夫妻关系类似伙伴，你也可以说是合伙人，以经营公司的思维去经营自己的家庭。公司内部要有组织，组织上要有对应的人。至于外界怎么看待这家公司的发展与前景，不外乎是家庭最重要的资产——小孩。

请不要质疑这句话，我跟我丈夫在商场上摸爬滚打这么多年，经验告诉我，再怎么成功的企业，到了晚年，也不得不正视接棒的难题。婚后，在公婆的赞助下，先生创建了一家物流公司，我则在五年间生了三个小孩。为了提供给小孩经济无虞的生活，先生不眠不休地工作，我负责打理家中诸事，包括三个小孩的教育。等小孩大一点，我请了一个保姆，好让自己有时间打理先生公司的财务。我跟丈夫于公于私，都是不可或缺的伙伴。

汉伟读幼儿园时，我和丈夫开始考虑搬家。原有的居住环境太小了，不足应付孩子们将来长大后的空间需求。那时，先生的生意上了轨道，我们手上握有不少现金。

看过一户又一户，始终没有让我们点头的房产，在我们犹豫是否暂缓搬家时，中介交给我们一户花园别墅的资料：“这一户位处文教区，地理位置幽静，方圆五公里内没有半家网吧或声色场所，学校是明星初中，顺利的话可以考进社区高中，很适合你们这种重视孩子成长的夫妻。”

明知是话术，我内心深处却有什么被触动了。难以形容，非常神奇的感受，我变透明了，小孩的存在穿过了我。我转过头，用眼神跟丈夫示意：很可能就是这户了！

老师，这里很漂亮不是吗？从二楼的落地窗看出去，左邻右舍的绿植真是美不胜收。那位中介没有夸大，这里确实闹中取静，也因为一户买下来并不便宜，邻近的住户也有一定的社会背景，对面住的是一对公务员退休夫妇，隔壁的男主人则是某外商银行的高管，在这样的成长环境下，我不用紧张小孩子会跟不三不四的人来往。

哎呀，不好意思，扯远了。

总之，我们买下了这里，如你所见，二楼是客厅和小型办公室，我们跟小女儿住三楼，汉伟跟大女儿住在四楼。五楼按我们原本的规划是作为先生练习书法的场所，这是他鲜为人知的嗜好。室内设计师来到家里时，不知怎么，先生愣愣地说了一句：“改成孩子的书房吧。”

在那一刻，我感动得泛出泪花，我的丈夫跟我一样，我们是旧世界出身的，为了小孩的福祉，愿意牺牲、奉献出所有的一切……

这是你们新世界的人所不能了解，甚至嗤之以鼻的。老师，我没有怪罪你的意思，可是你们现代人的想法跟思维，是我无法领教的。

汉伟五六岁时，我观察到一个令人不安的现象：越来越多的人不遵守社会上的规矩了。

我称他们为新世界的人，以便和我们这种旧世界的人做出区别。

新世界的人，试图以各种方式从各种义务中遁逃出来。以结婚生子为例好了，他们其中有不少过了三十岁还不肯踏入婚姻，只因害怕婚姻所带来的负荷，或是结婚后惊觉维持婚姻这么麻烦，便很爽快地离了婚；也有那种结婚后嚷嚷着不想被小孩绑住的，叫什么来着，丁克族对吧？总而言之，在我眼中，他们一个不如一个。

最令我傻眼的是，他们自己逃避身为社会一分子的义务也就算了，别声张，我还勉强可以谅解，偏偏他们做贼心虚，先声夺人地展开宣传："结婚不能代表幸福，不婚也是一种选择""离婚后的女性仍有追求真爱的权利"，其中也不乏诸如"不要把重心放在家庭上，女性要培养个人的生活与兴趣"之类的歪理。

搞什么啊——这些人动嘴巴时，大脑是停止运转了吗？

男人出外打拼天下，女人把家庭打点得温暖舒适，这不是很自然而然的分工吗？若一味讲究"自我"，为什么不勇敢一点，宣布自己要当永远的……之前不是有一个很流行的名词，偶像剧也使用过的词汇？败犬？对，就是“败犬”这个词。假设所有事第一个想到的都是自己，不如当一辈子的败犬吧，这样说很恶毒，不过我不会收回的。

几年前，我在电视谈话节目中，看到穿着短裙、露出整个膝盖的女艺人，向观众表示“我很庆幸当年有离婚的勇气，现在我过得很幸福”，我的心都凉了，是谁放水让这种言论出现在媒体上的？不怕教坏小孩吗？我断了第四台，同时警告汉伟和他的两个妹妹，没有我的允许，谁都不可以靠近遥控器。这么多年下来，我只给他们看英语教学节目及少数的新闻，我不给他们看卡通，最近的卡通很狡猾，时常偷渡一些色情和暴力的镜头。

汉伟念小学后，为了得到他的第一手信息，我自告奋勇地担任导护妈妈、爱心妈妈和讲故事妈妈，希望帮助他成为一个受欢迎的小孩，不时送孩子喜爱的饮食去班上。

作为母亲，我自认比其他所有母亲都要勤勉。

唉，这样的防堵还是不够。

这世界越来越脏了。想要养育出一个干净、无污染的孩子，实在是困难重重。新世界的人正以细菌般的速度繁衍，很多和我们一样出身旧世界的人，也抛弃了旧世界的道德，自甘堕落地投身新世界的怀抱。悲哀的是，我们这些择善固执的前辈，不仅没有受到尊重，相反地，还动辄被投以“老古板”“不知变通”的讥嘲。

我很焦虑，这样的社会还有未来可言吗？

*

汉伟弯下腰拼命呕吐的那天，我的心都碎了。我那么努力，不让儿子受到一点损伤，同学一个无心的举动，班主任缺席的五分钟，汉伟就受到这么大的伤害。我好害怕，世界的秩序松动得远比我所料想的更加严重，我怎么保护我的孩子也是徒劳，新世界的人以及他们率性管教下的后代，注定会给旧世界的人带来困扰与伤害。

老师，你可以试着体会我的心痛吗？就像是你精心呵护的稚嫩幼苗，却因邻人没有整理他们的花木，台风一来，隔壁的断枝恶狠狠打在你守护多年的幼苗上。

在我的坚持下，菜鸟老师笨拙地根据通信录拨着电话，第一时间，居然有三分之二的家长的回应是："不好意思，人还在公司，待会儿赶到学校！"

我非常愤怒，身为母亲，没有把心思放在家庭上，为了几个钱外出工作，在她们为了公事操劳时，还有多余的精力教育孩子正确的道德观吗？她们回家会烹煮营养健康的膳食吗？在联络簿上签字之前会好好地看过孩子写下的每一项吗？

那些母亲匆忙抵达时，我怒目而视，她们还一脸茫然的痴呆样。

真是太可恶了！我越想越生气。

她们可有思考过为人妻母的义务？当下的社会鼓励职业妇女，呼吁女性以经济独立换取人格的独立，这种观点实在叫我忍不住翻白眼。我说过了，义务，义务，每个人在社会上有其应尽的义务，男人的义务是在职场上拼命，给家庭带来稳定、丰裕的收入，女人的义务是打造一个令所有成员都心悦诚服的家。人人站在自己该立足的位置上，像颗拧紧的螺丝钉，社会这部机器会运转得良好。但我也说过了，新世界的人满脑子只想着如何从义务中遁逃出来，只想着自己。往自由投奔的母亲导致亲子教育的真空，而这真空的无辜受害者，是我可怜的儿子！

我将那些不称职的母亲骂得狗血淋头，心中很是痛快。

结束后，我把一脸惨白的汉伟带离现场，他看起来不太好，像是从什么梦魇中醒来似的，我很同情他，头部受到的撞击太强了，他得休息一阵子。

老师，汉伟变了，变成了一个陌生的孩子。

我那成绩优异、具有领袖特质的完美儿子不见了。那次事件后，住在我家的，是一个刚学会逃避责任的人。汉伟第一次开口说不想去学校，我简直不敢相信自己的耳朵，遇到挫折便逃避，岂不是新世界的人的标准作风？我一手栽培的好儿子，不知何时被带坏了。

我没有把他的异状告诉丈夫，管教汉伟是我的责任，我若向丈夫抱怨，也许他忍住不说，心底却会想：我把儿子交给你，你怎么没把他带好呢？

我没有线索，问汉伟他也不说，只能猜是那些无耻的小孩展开了报复。真是一群不可救药的家伙，非但不自省，还想孤立汉伟来减轻自己的罪恶感。我怜悯他们，乏人管教的小孩跟孤儿没两样，他们的父母是新世界的人，新世界的人可不会记得矫正孩子失序的行为。

那位菜鸟老师也很荒唐，这种群体的欺压事件，有经验一点的老师绝不会等闲视之，她以为在班会上温情喊话，要大家相亲相爱，能收到多少效果？

没关系，汉伟快升上初中了，他即将远离这不洁之地。

牵着汉伟办理注册的那一天，我的脸上堆满笑容。果真是区内升学率最高的初中，校园内洋溢着活泼、清新的气息，接待的老师也很客气。我特地在穿堂的布告栏前停留了一会儿，留意上头的成绩风云榜和校外竞赛成果，我很满意。

“你喜欢新学校吗？”我问汉伟。

他轻轻地点了一下头。

我握起他的手，温柔地看着他：“答应妈妈，要在新学校振作起来哦！”

不知道为什么，汉伟的手又湿又凉，可能是太紧张了吧！

汉伟也很期待初中生活吧。我乐观地想。

*

升上初中后，汉伟的心情没有明显的起色，对上学依旧提不起兴致。我压抑心中的焦急，耐心等候，等候汉伟像小时候一样，把心事告诉我。

迟钝的丈夫也开口了：“我怎么觉得儿子比以前还要阴郁？”

我给汉伟的零用钱更多了，是我给两个女儿的总和。我心中对于这样的差别待遇感到不安，但汉伟一拿到钱不但对我露出感激的微笑，还会撒娇地喊几声妈妈，我又觉得这样做没有错。

我只有汉伟一个儿子，他得好起来。

几个月后，我收到一张电话账单，逼近五位数的天价。我心中警铃大作，该死，又有细菌沾上了。此为紧急事态，我别无他法，硬着头皮跟丈夫报告，幸好丈夫看出了事情的严重性，没有责怪我的轻忽，反而热心地跟我商讨解决方案。我们最终决定采取最高效的方式：直接趁儿子洗澡时取来他的手机，检查他的通话记录以及短信。

屏幕上，露骨的文字映入眼帘，我差点恶心得吐出来。

这次来污染汉伟的，是更顽强的细菌。别说我反应过度，老师，你诚实地跟我说，这些不雅的字眼，出自一位十四五岁的女孩口中，你不觉得恶心吗？

孩子的成长只有一次，做父母的责无旁贷。丈夫当下打了一通电话给老师，老师给了一些关键信息：父母离婚，现在和母亲及母亲的男友同住一个屋檐下，经济来源主要是母亲的男友打零工的收入。

我和丈夫的眼睛瞪大，面面相觑。这个女生的母亲在做什么？都三十岁的人了，活得这么随便不丢脸吗？殊不知她的女儿有样学样，也想攀个男人轻松度日。不用想了，那些露骨的短信，正是那个女生诱惑汉伟的铁证！

我刚才不是提过了，三个小孩从电视上吸收多少信息、怎样的信息，长年下来皆在我的审核下进行，为了孩子，老公也合作无间地只在公司读报。家中唯一的台式电脑放在客厅，谁使用过，又做了什么，没有一件事可以躲过我的眼睛。在我缜密的管控下，汉伟没有接触色情信息的机会，怎么可能说出那些词句？对吧？老师你教汉伟一年多了，你判断一下，一个十三四岁的小孩，没有外人的唆使，会主动讲出那种话吗？不会吧。那些话想必不是出自汉伟自己的意思，他太懵懂了，不晓得怎么处理这类城府很深的女生。

我跟丈夫商讨过了，这女生不好对付，她八成看出了汉伟来自富裕的家庭，想方设法要巴结他。被她的花言巧语迷得团团转的汉伟，看不到她的真面目，还反过来振振有词地为她辩护。我那可怜的儿子，是我不好，来自新世界的侵扰又太多，没关系，我还来得及挽救。

我提出给汉伟转学。丈夫起先犹豫不决，我告诉他："汉伟一天在学校八九个小时，我们再怎么尽责地消毒杀菌，别忘了，汉伟依然和那个女生在班上朝夕相处啊。我们辛辛苦苦养出来的小孩，是活该要被污染吗？汉伟快升初三了，转学对他来说确实有些辛苦，可是，孩子正在走偏，你做人家父亲的，看了不会忧心吗？”

“你说得很对。”丈夫采纳了我的主张。

*

事实证明，我错了。

汉伟在Y校没有变乖。我几乎要跪下来恳求他好好准备考试，汉伟一向很擅长考试的，但在Y校，他缺席每一场大考小考。我告诉汉伟，只要他考上前五志愿，我可以送他最新的智能手机，他不要，反复吵着要和那女生再见一面。

我也急了，基测已经倒数一百天了，我不能坐视他考上名不见经传的学校，丈夫会怪我的。我找上汉伟在Y校的老师，看看有没有办法一劳永逸地根除我儿子对这女生的执着。老师给了一个建议，不妨叫那女生写一封信，信中务必要决绝地表达出“不愿意继续这段感情”的立场，唯有让汉伟彻底死了这条心，整件事才有转圜的余地。据H校老师所说，那女生一开始很不情愿，但一听到汉伟在Y校过着自我放逐的生活，似乎也良心发现，静静回到自己的座位写信了。

我把那封信交给汉伟。

老师，你绝对想不到，看完那封信之后，他哭得死去活来。

我看了好不忍。我的儿子被设计得好惨，这种虚情假意的感情他也当真。

我轻抚他的背："儿子啊，青春期的爱恋是不可信赖的，你看，这女生没有你之后，飞快地找了另一个人填补你的空缺，你要快点好起来，让自己的生活重回正轨！"

我满心期待着儿子的洗心革面。

好奇怪……我似乎又错了。汉伟更堕落了，不顾我的声泪俱下，他就是不肯念书。考基测那天，他每一科目都提早交卷。考场很炎热，我的心却冰凉，我明白汉伟放弃这次考试了。

那几个月，我的丈夫留在柬埔寨视察工厂的营运，晚上我与他通电话时，时常犹豫要不要向他说一下汉伟的情况。老实说，我不太敢讲，汉伟是长子，我丈夫对他有特别的期望，我怕我据实相告，会害得丈夫在柬埔寨不能安心做事。

我一再拖延，直到汉伟基测成绩出来，丈夫打电话来关心他考得怎么样，我才小声地念出他的分数。电话另一端沉默了好久，久到我快窒息了，我丈夫闷闷地问了一句："奇怪，这孩子小时候不是很会念书吗？"

我承受不住，抱着话筒痛哭起来。

老师，汉伟有没有跟你提过，我们夫妻俩曾经拿三个小孩的生辰八字去让老师算命，那老师很有名，很多艺人和政治人物都找他算过，他一次要好几万，我们付了快十万块给他。

那个老师拍胸脯跟我保证，汉伟天资聪颖、气质出众，是拿笔的命，未来的工作很可能带个"官"字。我从未怀疑过这个见解，汉伟的确很聪明，不是我自夸，教过汉伟的老师，有好几个说过他特别好教，别人家小孩花了老半天才搞懂的概念，汉伟两三分钟就上手了。我把老师的话转达给丈夫，他听了很得意，说日后要把儿子送到国外念书，学成后要接他的事业。到后来，曾经被寄予厚望的小孩考进一所三流高中。

怎——么——想——都——令——人——很——难——受——吧。

问题到底是出在谁身上？不可能是汉伟啊，他的资质得到多少老师肯定；也不可能是我，我这么尽心地栽培汉伟，不像那些把小孩生出来之后，任小孩自生自灭的失职父母啊！想来想去，不免觉得悲哀，学校的环境是我唯一不能控制的，我的孩子被学校给毁了。

我再也不相信学校的老师了，他们成天敷衍了事，没有多为家长服务的热忱。我找家教，并且告诉中介社，我要指定用心、尽责的老师，不要那种领钱了事的。因此，我和汉伟认识了你和颜老师。我曾对于两个老师都是女的有些介意，但长期看下来，有些释怀。女老师多一点母性，愿意拨冗照顾学生的情绪。颜老师自己的小孩也大了，她对于如何跟青少年沟通很有一套，你很年轻，脱离学校没太久，汉伟跟你对话没有代沟。

总之，汉伟在你们的陪伴下，一天一天好转，跟我说话的频率增加了，成绩也恢复到了以往的水平，我的好儿子回来了。算命师没有看错，汉伟是人中龙凤。丈夫也暂且放下柬埔寨的工程，打算回台湾休息几个月，我好开心，可以喘口气了。

快乐的时间往往很短暂，学校寄来成绩通知单，敲破了我的美梦。

很多人觉得我大惊小怪，汉伟只不过是英文没及格，又不是天要塌下来。

如此的思考逻辑，跟单细胞生物有什么两样？他们没有能力看得更仔细。今日的重点在于，汉伟的段考都考得堪称理想，至少有七十分的水平，可是这位老师给汉伟的日常成绩是零分。

零分代表什么？全盘的否定。

葛老师制定的规则太专制了，这么频繁的小考和作业，她以为学生只有英文这科要读啊？汉伟没有参与小考及作业，这点我无话反驳，但……汉伟的段考是全班前几名，难道不足以证明他具备这学科应有的能力吗？

葛老师不是不知道，汉伟以前是多么叛逆的学生，他正在努力回归学校的团体生活，成绩也有了很大的起色。汉伟的事情特殊，一体适用的规则不适合他。

让我失望的是，那半年我经常打电话给葛老师，强调汉伟很特殊，他正在进步、好转，需要老师多加包容，请尽量以鼓励代替苛责。葛老师通常敷衍我几分钟，急着挂断电话，也不跟我谈一下汉伟拒绝小考、不交作业的事，学期结束径自让汉伟不及格，这不是很恶劣吗？

老师，你也看到葛老师那天的姿态了吧，多典型的职业傲慢啊！

看她胸有成竹地为自己抗辩，我都要晕倒了，这样的老师有资格为人师表吗？

我很失望，对于葛老师很失望，对于学校很失望。我打听过葛老师，名校毕业，教学有一定的水平，是校长口中“英文科第一把交椅”。听起来很光鲜亮丽吧？才不是——他们忽略了一件事：葛老师没有结婚生子，她无法感受家长的心境。

小孩一天在学校至少待上八小时，他们有不少人格特质的形塑是在学校完成的，既然学校带给小孩的影响至为重大，担任此一重责大任的老师，最好也是个家长，如此一来，他在教学上才会跟家长产生共鸣，能掌握家长要的东西，不会做出太不合常理的判断。

葛老师是新时代的人，在老师一职上，我想她不太及格。

汉伟不愿去补考，我无能为力，也懒得说他了，我姐姐说汉伟救不回来了，要我把注意力转移到两个女儿身上，她们还小，现在介入不嫌晚。

不久前，我接到一通电话，对方说汉伟引诱她的女儿，除非赔钱和解，否则他们铁定会把我们告到法院。排山倒海的厌恶感涌了上来，我在汉伟面前失控了，差点想把他推去撞墙，为什么一再让妈妈绝望呢？乖乖成为一个品学兼优的好孩子很难吗？毁掉妈妈让你很得意吗？

即将动手的前一刻，我还是舍不得，我停下一切动作，走回房间。

老师，不好意思，从明天起你不用来了，汉伟要去美国念书了。

汉伟的姑姑嫁去美国，跟年纪大了近一轮的丈夫住在加州，两人生不出小孩，过着自在却也有点无聊的生活。她很同情汉伟的处境，主动提出可以帮我们照顾汉伟。

我现在不适合看到汉伟，一看到他就心烦，太多情绪了。这几天，我整理家里的照片，有一张我不敢看第二次。那是汉伟小学六年级的时候，我去参加他的运动会，买了比萨和炸鸡犒赏他的同学。他的同学和班主任怂恿他抱着我，快门按下时，我也抱紧他，画面中，我们都笑着。

葛老师说

你现在方便接电话吗？你在家里啊，这样很好，既然你人不在外面，待会儿说起话来自在多了。收到你的短信，我很意外。原本想也回短信好了，想了一整个晚上，要讲的实在太多了，不知从何下手，打电话省事很多，希望没有造成你的困扰。

在我们切入正题之前，我先打个岔问个问题：“王牌教师”，蔡汉伟在你面前，真是这样称呼我的吗？是真的啊？好吧。我先承认，我很意外，我以为他会发明一些……你懂的，就是比较下流的叫法。很抱歉，老师当久了，难免会把学生想得邪恶一些。

我的手机号码是蔡汉伟给你的吧？说来可悲，这年头，老师的隐私像是公园的草皮，任由来公园玩耍的家长及小孩践踏。我最初踏入教职时，手机尚未发明，家长的来电不接也无妨，说自己在外用餐即可。手机一问世，唉，这玩意的发明，对世人而言是福音，对我来说却是避之唯恐不及的噩梦。有了手机之后，家长对于“实时联络到老师”的执念膨胀得非常可怕，现在，一旦漏接家长的来电，家长的抱怨便随之而来：“老师要记得常看手机啊！”

通信软件还一个接一个推出，有完没完啊……

教师的工时，远比外界所知的长上许多，离开校园，脱下拘谨的套装，摘掉严肃的面具，仍无法成功地从“老师”的角色中抽离。说穿了……是家长们不让老师出戏啊。

家长们最常误解的一件事情是：小孩是他们生活的全部，但对老师而言，小孩没有那么重要。对大部分的老师而言，教育学生是工作的一个环节，过程中所衍生的师生情谊是附加价值，有了要知足，没有也别谩骂，师生情谊从来不是教育的元素，坏的先例也不是没有。

直白一点说好了，在我下班后，一点也不想听到“蔡汉伟”

三个字，包括其他任何学生的名字，我只想回归私生活，卸妆，打开微波好的餐盒，把全身的骨头交给沙发。比起学生此刻过得怎样，我更关心韩剧今天会播出几个小时。我下班了，下班有下班的生活。

这样的自白传入家长的耳里，会招致怎样的评价呢？

用膝盖想也知道，他们会说："这老师太没心了。"

这样的想法未免太自大了吧。难道老师的心是为了学生而存在的吗？

我现在所说的情境，你应该很能感同身受吧？让我们打开天窗说亮话吧，你是蔡汉伟的家教——我没猜错吧？那天，蔡汉伟的母亲介绍说你是蔡汉伟的表姐，自愿给蔡汉伟辅导课业。或许是同为教育工作者的缘故吧，我很快想到你其实是蔡汉伟的家教。

"蔡汉伟的妈妈给他请了两个学历很高的家教"，这件事拜蔡汉伟的大力宣传所赐，在班上已不是新闻了。

蔡汉伟是个矛盾的孩子。

身为老师，立场中立是职业道德所需，但老实说，我不太喜欢蔡汉伟，近乎讨厌的程度。他太自以为是了，动不动摆出一副清高的姿态。表面上他很渴望交朋友，私底下才不是这样，在蔡汉伟眼中，其他人都不如他聪明，想事情也没有他深入，他交朋友是勉强凑合，是委屈自己去跟一群笨蛋共处——先别急着反对我的说辞，我之所以这样说，并非个人臆测，而是有根据的。

在我教蔡汉伟的第一个月，注意到他跟班级格格不入，出于一种老师的使命感，我暗中请几位与我友好的学生，拨些时间关怀一下蔡同学。

几天下来，那些学生带回令人意想不到的成果。

“以前认为蔡汉伟很可怜，没人理他。好不容易鼓起勇气找他讲话，可是……没讲几句就想闪人了。蔡汉伟超级自恋，话题一直围绕在自己身上，我想说话，他又拼命插嘴打断我。感觉他一点也不在意我的想法，我不想再跟他说话了。”一个同学说。

“蔡汉伟很爱重复他小学六年级、初中的往事，第一次听会为他难过，直到第二次、第三次……我有点受不了了，蔡汉伟是不是沉浸在自己是悲剧小英雄的幻想之中啊？对不起，可能辜负了老师的期待，但我也一样不会再找他了。”另一个同学补充。

“蔡汉伟好像不记得我了，我跟他读同一所小学，就在他的隔壁班，我一个好友是他的同班同学，我听过不少他的事。当年，他被同学不小心推去撞墙的事闹得轰轰烈烈，同年级的学生无人不知。前天，我稍微跟他聊了一下，他虽然没有外界所传闻的那么自闭……但也好不到哪里去。蔡汉伟说他在小学五年级以前是校园风云人物，我吓了一跳，不是这样吧？就我所知，蔡汉伟在小学成绩的确很好，交际技巧却很烂，说话不经大脑，一天到晚得罪别人，在班上的名声很臭……他到底是从哪一点认定自己是风云人物的啊？”

学生的反馈让我思考了好久，我想得太直观了。

我以为蔡汉伟的问题出在他的母亲身上，看来我也没逃过刻板印象的制约。

*

接下这个班级时，先前教蔡汉伟数学的叶老师提醒我要明哲保身，蔡汉伟的父母是传说中的直升机家长。当初他要挂掉蔡汉伟的数学，蔡汉伟的母亲先打电话与他斡旋了半小时，见他迟迟不肯让步，就与蔡汉伟的父亲开车直驱学校，看叶老师还在上课，两人双手抱胸，等在门外。叶老师吓到了，只好把蔡汉伟的分数往上调了两分，让他不用补考。

我跟叶老师不同，我不是那种会轻易妥协的人。第一堂课，我就跟学生开宗明义，小考好好作答，作业按期上交，老师不会在分数上委屈你们。公布规则的当下，我刻意往蔡汉伟的方向多看了两秒，他也看着我，我以为我们无形中达成了共识，他会乖乖的。

曾经这样想的我实在愚蠢至极。

蔡汉伟缺席了每一次的晨考，也不交任何作业。学期末将近，我暗示他好几次，请按照规则走，为了顾全他的面子，我是私底下说的。

蔡汉伟只是嬉皮笑脸地敷衍我："会改啦，下次作业我拼拼看，老师不要那么紧张嘛。"

有同学说，蔡汉伟每个早自习都躲在厕所里看色情片，听说他的母亲管得很严，蔡汉伟在家中没有色情片可看，只好趁着早自习，借同学的网络下载色情片到自己的手机。青春期的男生对于性或多或少会产生好奇心，我能体会。我很困扰，蔡汉伟不考试、不交作业，无疑是在全班面前甩我一个巴掌，表明他不把我放在眼里。

挣扎许久后，我下定决心，非给他的日常成绩画上零分不可。

我太小看同事的警告了，蔡汉伟的母亲简直是神经病。我没想过天底下有这种父母，可以为了小孩的成绩，甘愿在众人面前又哭又笑，极尽煽情之能事地演出。我更没有想过，她会对我吐出那些诅咒。小孩的成绩有这么伟大吗，伟大到可以把老师的尊严踩在地上？

你那时的脸色看起来很苍白，你也吓了一跳，对吧？

我要辞职了。

官方说法是要返乡照顾罹患癌症的母亲，实情则单纯许多：我累了。你可以拿我们的对话内容去向蔡汉伟的母亲告密，我不怕。一旦我从老师的身份中走出去，蔡汉伟的母亲也不再是家长了，一个神经质的中年妇女，我怕她什么？

从小，我是父母的掌上明珠，他们在我身上投注了不少教育资源。大学联考，我的分数可以同时被法律系及外文系录取。填志愿那晚，母亲诚恳地请求我把法律系填在前面，她认为当老师是低估了我的能力，我太自信了，竟一意孤行，把母亲的意见抛诸脑后。

毕业不久，我考取了这所私校的教职，我带班、教学都很认真，校长时常看着我，满意地微笑，说："你是我们这所学校的镇校之宝，你来了之后，学生反应极佳，家长也很喜欢你。"

为了报答校长的伯乐之恩，我把所有心思奉献给工作。为此，我疲倦得没有多余的体力谈恋爱，母亲给我安排了好几场相亲，我因为学生的事而放对方鸽子的次数不可胜数。

有一天，我跟母亲说，不要再给我规划婚事了，我的日子很好，桌上挂满了学生写给我的感谢卡，每年寒暑假，学生像候鸟一样，回到我的身边，叽叽喳喳分享升上大学的点滴。

学生就是我的孩子。

如今我很后悔。

担任老师十几年，即将辞职，不免有回首观照的心境。我必须说，母亲的话对了一半。对的部分是，我应该填法律系；错的部分在于母亲说反了，当老师，不是低估我的能力，相反，是太高估我的能力了。以现今风气对于老师的标准来看，我是百分之百的不及格。

老师的职业需求，除了专业的授业能力、协助提升学生的学业成绩外，还得照顾学生的心理健康，关心他们的家庭情况，建立好家长与学校间良好的沟通桥梁，等等，其中任何一个环节出了差池，庞大的责任立即会压下来。

少子化所衍生的负面效应，一般人往往从世代更替、抚养比的角度出发，在我看来，他们少提了一个很重要的层面：少子化制造出一对自以为是的学生与刁钻的家长。

因为只生一两个，家长习惯将家中所有资源挹注在孩子身上，把小孩宠得无法无天。这么说可能会让很多家长感到不悦，但我的个人观点是，养小孩跟投资很像，今天你把所有的鸡蛋放在同一个篮子里，对这次投资的得失心不免会非常可观。

简单来说，家长们开始把小孩放在很优先的位置。

这样说很笼统，我举个例子。学生间起了龃龉，又得不到共识的前提下，我们会请双方的家长前来学校说明。从前，家长一到场，不外乎先压着自家孩子小小的脑袋瓜，鞠躬致歉："对不起，是我家小孩的错，我们家没管好，给您造成困扰非常抱歉。"

我个人很偏好这种"不问是非，先道歉再说"的解决方式，省时省力。可惜该方式在过去几年间被抨击得很惨烈，说会混淆小孩的价值观，教出低自尊的小孩。

于是，以保护小孩为出发点，新一代的父母演化出截然不同的面貌。

"是你的小孩带坏了我的儿子！我儿子这么乖巧，怎么可能会主动去欺负别人？"

"你有证据说是我儿子先推你女儿的吗？搞不好是你女儿先挑衅的啊！"

有时双方僵持不下，下一秒炮口一致，把过错推到老师身上，说老师监督不周。

家长跟老师之间如从前一样和睦的互动不复存在了。

从前，家长们对于老师多半是心怀感恩，谢谢老师对学生的付出。现代家长这么想的很少，他们一再扩张老师的责任义务，把老师额外的付出视为理所当然，老师们偶尔松懈了、失控了，就准备接受一连串的抗议吧。这不是最惨的，最惨的是被告到法院。

坚守原则的老师一一绝种，反观那些绞尽脑汁去迎合、巴结家长的老师顺遂地增加。家长说要考试，老师增加考试频率；家长嫌老师补充资料太少，老师连忙印制一沓讲义，也不问学生是否可以吸收。想想不由得觉得可悲，接受教育的对象是学生，照理说，老师的教法该以学生为导向吧，怎么会是家长呢？

更有不少家长把学校教育当作饭店的自助餐，可以满足他们所有的心愿。

这样想真是笑死人了。

学校教育有如营养午餐，大部分的人负担得起的价位，不会太精致可口，也不至于难吃到哪里去，不想吃的学生请额外花钱去学校商店解决。换句话说，一套规则，一定有你家小孩占上风的场面，也一定有风向不对的日子，这才是学校教育，想吃高级自助餐的人请找家教、补习班或者更小班、更贵的私校定制——

那不是我的领域，先不多言了。

好奇怪，你是蔡汉伟的家教，在某种程度上我们是对立的，我在不知不觉间，也对你吐露出这么多心事，或许是积怨已深，不吐不快吧。

*

能够同蔡妈妈这样的家长长期相处，真是辛苦你了，不讳言，我有点同情你。像她这样的家长，这几年只会多不会少。

蔡妈妈常以“模范母亲”自居，一副为儿子南征北讨的好妈妈形象。她真的爱她的小孩吗？这点，我不清楚你是怎么想的，我提出我的一点想法，你不妨听听看。在我眼中，蔡汉伟的母亲是很可怕的，她根本就在用尽心机把自己的儿子送入深渊。

她时常打电话来对我训话，指摘我对蔡汉伟的关注太少了，她说，只要我对她儿子释放出多一点善意，久而久之他就会被我的诚意打动。

殊不知，每一次她打电话骚扰我，无形中也在加深我对蔡汉伟的憎恶。我在心中幻想过好几百万次，在全班面前冲着蔡汉伟咆哮：“管一下你妈的嘴巴好吗？！”

我觉得自己好像怪怪的。

去年，日本有六百多位中小学老师因患上精神疾病而辞职。看到《产经新闻》的这则报道时，我仿佛看见自己的倒影。每一天，按掉闹钟，从床上爬起来，一边用梳子分开纠结的头发，一边问自己：“我还要忍耐多久？”不瞒你说，近日，我已疲乏到光是看到蔡汉伟他妈的电话号码，就恨不得把手机摔向墙壁。我的良心告诉我，我的身心状态已不适合当老师了。

对了，我听说了蔡汉伟跟隔壁班女生的绯闻，有学生跑来跟我告密，说女方曾沾沾自喜地向同学炫耀，他们已经有过亲密接触。

那个女生看起来很文静，我以为她只是不喜欢读书而已，没想到她会讲出这种话。

现在的小孩，天真无邪的面孔下到底包藏着怎样的想法，你永远不知道。他们深谙自己是稀有资产，要么装可怜，要么放胆对父母予取予求，蔡汉伟不正是一个例子？口头上嚷嚷着自己的父母多可恶，伸手要零花钱时却毫不手软啊。

掰指算来，我当老师快二十年了，虽然称不上专家，但至少对这个行业的实际生态自认有说话的立场。学校老师这个职业的前景，差不多死透了。你以为，蔡汉伟母亲的行为模式是最可怕的吗？对其他老师而言可能是，但我认为，蔡汉伟的母亲勉强还算合格，毕竟，比她失格的父母大有人在。

你当家教的，也见识过这种家长吧：把自己的小孩打包成一团，丢给外人。满两岁丢给幼儿班，大一点丢给幼儿园，之后换成小学，小学很早就放学怎么办？别慌，有安亲班[1]。进入青春期，怕小孩会利用闲暇时间做坏事，便往补习班送。此类家长似乎很害怕和自己的孩子单独相处，急着把小孩的时段切割成好几块，安插不同的活动，每个活动有不同的外包负责人。基本上，他们表现出来的立场，即寒暑假带小孩旅游一趟，定期缴纳儿女的学杂支出和补习费用，手头尚宽的话，再负担一两项才艺项目，便尽了为人父母的责任。之前，有家长跟校方提议，说希望增加课后辅导时长，我很讶异，禁不住想：你们有多么不想看见自己的小孩啊！

我曾相信自己可以做个好老师，结果最后把自己给掏空了。要体察这么多孩子的情绪太困难了，尤其是无论怎么做，总会有一两个人看不过去。再说，关心小孩的心情，究竟谁该负主要责任？我可不是那个出精子或卵子的人，凭什么强迫我付出那么多？

别笑啊，我很认真的。除了领养，很抱歉，我这辈子没有其他做母亲的可能性了。你不同，你还年轻，你可想过，像你这种受过完整教育、有主见的新时代女性，换成母亲的身份之后，真能保持距离，不插手学校老师的工作？不把自己的责任外包给他人？你有多少自信，自己不会变成蔡汉伟的妈妈那样？

再有两个月，我就要离开这所学校，逃开“老师”的身份

[1] 是指孩子课外的托管班，因有助于减轻家长接送孩子、辅导孩子写作业的负担，所以被称为“安亲班”。

了。可以想见，不少家长将批评我“不负责任”，没有尽责地把手上的班级带到高三。

可是，这一次，我不想管了。负责任也好，不负责任也好，我要回去当普通人了。

第 9 个家
高才生的独白

“和母亲将近第一百次的和解失败时，我决定宽恕自己，和解或许可行，但不是现在。”

Monologue of love and hate

前言：

这篇的女主角不是学生，是我深交五六年的好友。

书写到一半时，我跟她提起正在写学生的故事，有些埋怨地跟她说道："你的存在多少动摇了我的想法。你看，你母亲的教育方式很强势，你的成就却如此杰出。我时常写着写着就想到你，想到你心底难免有些冲突，也许高压教育还是可能见效的？"

朋友没有立即回应，她把手放在嘴唇上，有些讶异的模样。

片刻后，她笑着回答："你怎么会误解我目前的成就是我母亲的功劳呢？我现在可以告诉你，假设我妈采取更柔软、更有弹性的教育理念，我的发展很可能比现在更好。"

她是个大方的人，花了很长一段时间，细心缜密地把她的过去交给了我。我走进她的生命，每踩一步就惊叹不已。待我走到尽头，故事也差不多完成了。

希望我的描述有她言语一半的细腻与大方。

以世俗的眼光来看，我是个很成功的小孩。十五岁考上第一志愿高中，而我的数学成绩经常是全校前三名。十八岁时，我考进台湾大学的热门科系。满二十岁不久，我在一场知名的比赛中拿下亮眼的成绩，这项成绩给我的个人经历添加了不少光彩，之后我申请国外大学很顺利，收到不少知名大学的入学许可。

我的求学过程引来媒体的兴趣，在准备出国的暑假，我与母亲一同接受了几家媒体的采访。几天后，新闻稿陆续出来了，我忐忑地读着，记者对我的形容真是美不胜收，美得我不禁怀疑他们笔下的人真的是我吗？另一个更奇妙的想象浮上脑海：此时此刻，会不会有一位母亲或者父亲，也像我的母亲那样，轻手轻脚地剪下这则报道，用荧光笔标示出值得参考的学习方法，左手食指放在我的照片上，右手摸着他们小孩柔软的头发，跟他们说，“要向这位大姐姐学习哦”？

如果我说，请不要这样做，各位家长会有什么反应呢？

我想说的是，每个人，在此我是说小孩，都是独一无二的。

我的母亲，自小就很热衷于阅读伟人传记，她很聪明，学业表现也很优异。像母亲这样优秀的女性，自然会对自己的人生充满抱负，只是，在工作与婚姻的两难上，她顺从社会的期待选择了后者，为了配合我父亲的工作方式，我妈最终挑了一个稳定却几乎没有挑战性的工作，这多少辜负了她辛苦得来的硕士学历。我的母亲不曾对这样的抉择明确表示过后悔，但她在谈吐间仍透露出一些端倪，例如她在叙述自己的人生时，多半聚焦在结婚生子之前的阶段，她是如何孜孜矻矻，如何挤进全校的前十名，如何找到众人歆羡的工作，等等。母亲这时的手势繁复且华丽，她言语架构出的世界，步调紧凑且充满冒险。

等故事进行到她与我爸结婚之后，母亲的叙事态度变得很平稳，甚至有些呆板、无趣，因为，后半段的主角冷不防地变成了我和妹妹，故事的轴心成了我们。这是我母亲的故事，她反而退居幕后把舞台让了出来，屏气凝神地看着我和妹妹在上面演出。这或许就是所有问题的根源：我母亲从自己的人生舞台走了下去，把我和妹妹推上场。

*

故事要从永远算不完的数学习题说起。

父母在管教小孩时，有一个很简单的出发点：不希望小孩重蹈自己的覆辙。以我母亲的背景来说，在她接受教育时，所有科目的分数都十分理想，唯独数学一科始终差强人意。为此，她花了更多时间苦读，投资回报率却很低，联考成绩出来，数学一科把整体平均成绩拉低了不少，她与台大擦肩而过。这算是母亲求学史上最大一次的滑铁卢。

即使之后她在大学认识了父亲，顺利地跟父亲出国念书，拿到了语言相关的硕士学位，她仍旧无法忘怀联考时数学失败的经历。因此，在我这个大女儿出生前后，母亲拟定了一套很系统的学习模式。她的出发点很好理解：只要我比一般的小孩更早接触数学，耳濡目染之下，绝对会有很出色的成效。

我还很小，还无法顺利抓握物体的时候，母亲已尝试教我简单的加减原理，素材可能是随处可见的纸花与糖果，或者是散步沿途的行道树与小鸟。这种活泼的方式很吸引人，我很快便理解了加减的规则，在我进入幼儿园时，对三四位数的加减已经驾轻就熟。母亲并不满足，很快她提高了难度，进入乘除和四则运算，生活化的教材不再容易寻找，母亲从坊间买来她认为“很有趣”的数学习题，先把题目浏览一遍，勾选出她觉得有价值的题型给我练习。对五六岁的我而言，这部分的学习有点难度，我混淆了一些符码的意义，出错的概率也越来越高，母亲从来不掩饰她的失落与沮丧。相反地，如果我答对的概率很高，母亲也不吝于绽放微笑，拍拍我的肩膀，赞许我的聪颖。

母亲两极化的反应，让我成了一个非常好胜、得失心很重的人；此外，为了和喜怒无常的母亲相处，我变得很敏感、很擅长察言观色。这些人格特质的好坏，长大后很难分说，但对一个不到十岁的孩童而言，我觉得太沉重了。

进入小学之后，我立即展现出运算方面的优势，看到同侪被简单的数学习题难倒，我很讶异，也终于正视到自己在数学这一科的确领先他人不少。我的心中充满矛盾与冲突，有时，我埋怨母亲分派的功课太繁重，有时，我又感谢母亲的先见之明。

因为我其他学科的表现不是很突出，数学一科是我成就感的主要来源，久而久之，我发自内心地喜欢上这个科目，会自己安排更高阶的题目。母亲很满意我的主动，日子久了，她对数学这一科的干预也少了。

但这不代表她将松绑对我的规划，母亲为我开辟了第二个战场：英文。

母亲的英文非常流利，她天生语感就好，又在美国拿到语言相关的硕士学位。母亲相信，只要在英、数这两科拿下顶尖的成绩，在台湾的教育体系下就能无往不胜。因此，在既定的数学习题之外，我的每日例行事项又多了背单词和阅读英文小说。

很遗憾，我没有遗传到母亲的语感，第一千个单词还算简单，我很快地背熟了，进入第两千个、第三千个单词后，我的进度有些停滞。英文是母亲颇有心得的领域，她在这方面的要求当然更严苛，我的数学不劳她操心，她便盯着我的英文。我越是心急，就忘得越快。

随着年级往上升，母亲“见贤思齐”的心态也跟着升级。只要我身边出现了很会读书的小孩，她就会急着去请教那位同学父母的教育方针，并且迫不及待地在我身上实施。母亲在翻阅报章杂志时，花最多心力阅读的无非是教育一栏，她会找一些参与数学、英文竞赛获取高分的报道，剪下来，注记他们获取高分的关键，要我读那些重点。确定我看完之后，她会很慎重地问我："看完这篇文章，你有什么心得？找出你在背单词时犯的错误了吗？""现在，你知道你计算的数学习题不算多了吧？比你认真的人多得是！"

母亲想用他人的例子来激励我。

然而，在当时的我听来，这些话语都在讲同一件事：我不够好。

我小学四五年级时，发生了一起很经典的事件。姑姑和姑丈因公得出国一个月，他们把小表妹带来我们家，请我们帮忙照顾。我跟表妹不算熟稔，年纪相近，倒也很快地玩在一处。那时，我妈抱回好几本英语题目，想要检验我的程度。有一天，我妈下班回来批改我的考卷，那回的试卷有我比较不擅长的助动词，我犯了一个很基本的错误，还一犯再犯。母亲脸色沉了下来，叫来电视前的小表妹，把铅笔交给她，要她写写这些题目。

小表妹迟疑了一下，看了我一眼，但在我母亲有些紧迫的注视下，她硬着头皮回答那些题目。小表妹在补习班补英文，几分钟后，她交出自己的答案。

母亲上下浏览了一会儿，神色更难看了，她转向我，音量高起来，当着小表妹的面，把我从头到脚数落一顿："你看，人家表妹小你一岁，花的时间比你短，错得比你少，你在做题目时，认真想过我之前教过的语法吗？你是不是在敷衍了事？”

小表妹没有看我，双手抓紧自己的裙子。

我垂下头，一股不快的情绪在胸中扩散。

一条鸿沟在我与小表妹之间形成，她找我玩，我冷冰冰地回应，几次下来，她似乎理解了什么，转身投向电视，不再找我说话了。我以为自己会很高兴，然而并没有，我反倒更厌恶自己。姑姑来接小表妹的那一天，她站在玄关，转过身来，有些紧张地伸手跟我道别。

至于我的回应呢？我忘了。

小表妹之后的发展和我有些类似，一路念着第一志愿，大学甫毕业，拿着丰厚的奖学金继续读硕士。这代表什么呢？代表我与她均非常出色，我们都是好孩子，没有相互比较的必要。但在我们很小的年纪，我的母亲把我们放进同一个笼子里，宣布只有一个人可以走出来，小表妹走了出去，我却被留在笼子里。这件事情伤我很深，近二十年了，我还可以清晰地描绘出，在被母亲斥责的当下，我与表妹的视线在空中短暂地交会了一秒。

她看我的眼神带着同情。

*

小学毕业后，我进入某初中的数学实验班就读，之所以称为实验班，是为了回避能力分班的争议。实验班里人才济济，我的排名不如小学时顶尖。这是我第一次发现自己的渺小。我有些紧张，我妈也是，她对我名次的得失心加剧了。不分大考小考，母亲从我的书包里翻出每一张英文与数学的考卷，很有耐心地追问我：“班上平均是几分？”“最高分是多少？”“比你高分的有几个人？”“你想过为什么这次会退步吗？”假使人生是一部字典，让母亲挑出她最热爱的两个字眼，我想很可能是“检讨”与“进步”。

母亲很擅长给小孩描画一个美丽的蓝图，内容不一而足，可能是在几岁要考过全民英检中高级，数学竞赛要在校内取得怎样的名次，考进哪一所顶尖大学，或是从事某个光鲜亮丽的职业，等等。为了确保我正在往这个方向前进，她研拟出一系列的待办事项。母亲不是没有开过商量的大门，但我很少成功地改变她的想法，百分之九十九的情形是，我深受母亲所描绘的美好蓝图吸引，也相信那是对我最好的安排。

这也是事情演变到最后越来越复杂的原因，我也被说服了，接受了母亲的说法，既然我这个当事者毫无挣扎的迹象，旁观的他人当然不会自讨没趣地跳出来，质疑这些安排的合理性。

认真说来，顺从从来不是母亲最渴望的亲子关系，但一旦我们表现出顺从的姿态，她的表情会很和悦，我和妹妹也能避掉抗拒所带来的冗长的唠叨。长期演变下来，顺从成了我和妹妹最明智的选择。面对母亲不断膨胀的美好蓝图，我们不再细想，点头说好。

母亲渐渐觉得她是对的，所有逸脱计划的事物都是不合理的、对小孩有害的。

母亲不止一次表明，她不喜欢虎妈那套高压教育的方法，那会损及小孩的独立与自主。母亲想成为开明的母亲。不过，她在不知不觉中，也走上了类似虎妈的路。

最鲜明的例子就是初二那年，学校举办了一个“阅读与写作”工作坊。我的语文向来很差，对于中文阅读与写作也毫无热忱，但我的好友和我心仪的男生都参加了。晚餐时，我向母亲表明自己想参加这个工作坊。

母亲听了，眉头皱起来，很明白地告诉我：“你不需要参加这个工作坊，语文这科不重要。再说这个工作坊会占去你三天时间，你这三天的数学和英文进度怎么办？”

我再度游说，跟母亲介绍这个工作坊的师资多么难得、课程的规划多么鲜活，说到最后我的口吻几乎是哀求了。

母亲没再理睬我，转头去和父亲说话。

我拿不到报名费，报名截至当天，我只得把申请单揉成一团，丢进垃圾桶。

相同的情况也出现在高中。我就读的高中，留校晚自习的风气很盛行。升上高三后，我跟母亲沟通，放学后想留在学校读书。母亲不假思索地否决了这个提议，她很坚定地告诉我：“你在学校坐了一整天，上了八堂课，已经耗去不少精力，晚自习只有一个小时的用餐和休息时间，根本不能放松，接着读下去也没有效率。不如回家优哉地吃顿晚餐，睡个三十分钟再读书。”

我跟母亲说：“有很多人留下晚自习，一起读书的氛围似乎不错。”

母亲回说：“你没有考虑到自己的身体状况，我说过了，晚自习不适合你。再说，这么多人留下晚自习，教官只是偶尔巡逻一下，你们一群人难道不会聊天、分心吗？家里这么安静，又是你的家，我搞不懂，你何苦要舍弃这么良好的读书环境？”

我还想再多说些什么，母亲又说：“别说了，这件事就这么定了。”

在母亲心目中，一个决定的做出，只要小孩子发表过意见，做父母的就符合“民主”的条件了。这同时也暗示了一个危险，母亲认为她不必认真聆听孩子的意见。

母亲有一点说错了，家里并不安静，还很吵。

我准备考大学那年，父母之间的关系因为对妹妹的教育理念发生歧异而降到了冰点，每个晚上，我在书房挑灯夜战，他们刻意压低的争执声一而再，再而三地飘过来，我被干扰得无法专心。

有一天，他们结束了龃龉，将近八点时，母亲宣布开饭。

我放下书本，前往饭厅。为了缓和餐桌上紧张的气氛，我发起一个话题：“我最近整体成绩提升了，因为花了一点时间练习作文，语文就进步了。”

我妈瞄了我一眼，嘴角挂上她擅长的冷笑："语文是一点也不重要的科目啊，不是吗？"

她没看着我，是以没发现我脸上凝结的笑容。

母亲一边咀嚼饭菜，一边含糊地说："我劝你不要再浪费时间了，与其练习作文那种轻易就能上手的东西，不如检讨一下你的英文写作，你的英文作文不是始终卡在十六分上不去吗？还有，你的数学也不能大意，别忘了，你跟别人不一样，别人但求个七八十分，你至少得拿个九十分、九十五分，才不枉费我自小到大对你的栽培。"

母亲越说越起劲，我体内的一条线也绷得越来越紧。

她的长篇大论进行了二十分钟，或者三十分钟，"啪啦"一声，那条线断了。

我站起身来，话语一串串争先恐后地从嘴巴里蹿出来："你可不可以收敛一下啊，大事小事，只要稍微不顺你的心，你非得拿来说不可。我语文作文进步，给个赞美很难吗？这也能牵扯到我的英文作文和数学，你的控制欲真的很恐怖。你老是跟别人说你是个很开明的母亲，你真的是吗？我很怀疑。我倒觉得班长的母亲比你开明多了，不论班长有什么意见，人家母亲都尽量给予尊重。我很羡慕班长，他有一个真正开明的母亲。"

这席话似乎启动了母亲内心世界中一个不知名的按钮，她的脸上浮现出我从未见过的惊骇，几秒后，她恢复沉着，不疾不徐地说道："那你知道其他家长在小孩不乖时，是如何用拳脚教训他们的吗？我没有打你，凡事努力跟你讲道理，你有什么想法，我也不是不听，我那么用心在关注你的学习情况，你可别不知感恩。班长？他的事你实际了解多少？说不定人家的父母根本没在教，你不懂，还把事情美化成‘对小孩的尊重’，不觉得好笑吗？”

根据过去我跟母亲来往的习惯，此时我会闭嘴，放弃挣扎。

但那天很奇怪的，我怎么也管不住自己的嘴巴。

“你以为没有对小孩动手动脚就是好父母了？非得身上、脸上有个瘀青伤痕什么的，才能代表小孩受伤了吗？你真是自以为是，你以为你对我的诸多控制，不算是伤害吗？”

“看来，我不打你，你还真会忘记自己是多么身在福中不知福。”

母亲站起身来，往厨房走去，她再次出现在我眼前时，手上多了一根棍子。

那根棍子好久不见了，我以为母亲早已丢了。

棍子朝我飞了过来，我接住了棍子，同时，下意识地朝母亲挥出一巴掌，但在场面即将失控的瞬间，我以残存的理性缩回了手，只是指甲擦到了母亲的脸。

母亲愣住了。

我也愣住了。

我看着自己的手，仿佛这是他人的手。

“你居然想打我。”母亲抚着脸颊，一脸不可置信地瞪着我。

我看着她，心中浮现一丝罪恶感，但与罪恶感一起出现的，是解脱。

我终于反击了。我不后悔，心底分外雪亮，我跟母亲迟早会走到这一步的。

母亲流下眼泪，看着我说：“你让我好心寒。”

目睹整个过程的父亲冷不防地冲上前来，甩了我一巴掌，要我向母亲道歉。

我一点也不意外，这是父亲标准的作风。

现在，我想花点篇幅来说说我的父亲。

我的父亲人很好，他具备许多值得称道的人格特质，诸如诚恳、随和、老实、孝顺及埋头苦干，等等。我的祖父母对这个儿子赞不绝口，与父亲共事过的同事会说他是令人愉快的合作伙伴。但我的父亲有个小小的缺点：他很厌恶处理他人的情绪。

偏偏他又娶了一个聪明美丽，却也非常情绪化的女人。

每逢母亲陷入顾影自怜的情绪之中，父亲一贯采取的策略是防堵。他给母亲所有她想要的，借此来平抚母亲的不满。父亲最常告诫我们姐妹的，绝不是什么做人的大道理，而是“我出门工作了，要乖，听你妈的话，别惹她生气”。

父亲的纵容养大了母亲的脾气，在某种程度上，母亲像是个小孩，她非得到她想要的东西不可。现在，她要我的服从，我不给，父亲只好跳出来，甩我一巴掌，要我交出我的服从。

最圆满的结局该是我识相地跟母亲道歉，但我没有，我走入房间，摔上门。

有一个角色，从头到尾都没吭声，就是我妹。

那日过后，我跟母亲没再说话，前后有两三个月，我们的对话始终停留在日常庶务上。

大考前一个星期，我反复地发烧、退烧，考期越近，身体的毛病越多。考前第三天，我在学校险些昏厥过去，校医把我送去急诊，并请母亲直接在医院跟我会合。

我接受了抽血检验，医生说，我的白细胞数值很不寻常，必须静养二到三天。

闻言，母亲一把将我搂入怀里，激动得哭了起来。

考试当天，母亲跟随我和父亲走到地下室，坐在副驾驶的位置上。

以我跟她的默契，这就是示好的象征了。

和好不久，母亲又故态复萌，只要我稍微冷落她的情绪，她就会吐出伤人的话语。“你真是我见过最自私的人。”“祈祷你的友人没有发觉你的本性。”“没有我的栽培，你觉得凭你自己的实力，有办法考出这么优异的成绩吗？”

我又频繁地做起噩梦，梦境很一致，我和母亲起了争执，我再次对她伸出拳脚；母亲满脸绝望地注视着我，而我在梦中不停地向她道歉。

醒来时我往往泪流满面。

我不禁想念起冷战的时刻，那时，我是自由的。

*

现在，故事的第二主角——我妹要出现了。

鉴于我在小学即立下显赫的战功，母亲不假思索，完全比照教育我的方式，给她设计了一系列的补充教育。母亲很乐观，她坚信自己可以复制出第二个成功的小孩，甚至更好。

我妹与我，无论是在外表、个性还是天赋上，均有天壤之别。

她活泼、好动，我则内向、文静。

我可以忍受整个下午蹲在书桌前只为解出一道数学题。她完全没办法，她太容易被外界的事物吸引，可能是一朵奇形怪状的云、窗外的鸟鸣或是刺耳的喇叭声；你把笔交给她，她不会用来算数学、写单词，她会送给你一张画。我擅长逻辑，我妹则专注在事物的美感上。

我觉得这样没什么不好，世界需要我这种人，也需要我妹那种人。

母亲对妹妹的反应感到彻底的失望。

没错，就是失望，她对我是失望，对我妹是彻底的失望。

母亲用苛刻的言语去攻击妹妹的“不受教”，好几次，母亲出了作业，妹妹不愿意写，索性翻抄答案，在母亲识破妹妹的敷衍时，妹妹会展现出诡异的倔强，不惜捏造出一个比一个天马行空的借口，来正当化、合理化她翻抄答案的行为。

妹妹的闪躲强化了母亲的怒气，母亲把她打得死去活来，她哭得很惨。可是，下一次，她依然翻抄答案，母亲依然把她打得鼻青脸肿。类似的桥段上演了好几次，几乎到了令人厌烦的地步。

我在心底质疑，为什么妹妹不诚实一点，向母亲表明：我就是不想写你出的作业。

有一天，在母亲起落的棍棒中，我看懂了妹妹，她接受的是跟我一样的教育、一样的训诫，她也跟我一样生怕母亲伤心。所以，妹妹宁愿挨揍，也不愿把矛头指向母亲。

我看懂的那一刻，也只是站着，继续看妹妹被打，没有更进一步的行动。

我不敢帮妹妹说话，生怕被波及。

我忘记了一个很基础的道理：人的忍耐是有限度的。

升上大学，搬去住宿舍，跟家人的距离远了。在我着迷于崭新亮丽的大学生活时，妹妹的性格也发生了剧烈的改变。她开始花大量时间打理外表，课业也一落千丈，最后，她瞒着父母一再翻墙逃学，跟新认识的朋友不知上哪里去。

妹妹自小是个美人坯子，上了高中更是出落得美好出众，加上纤秾合度的线条，很快便吸引到一票追求者。妹妹活在一个冷热分明的世界里，她在家中是个饱受母亲讥嘲的苦情角色，到了外头却是众星拱月的风流人物，一群年轻男孩为了得到她的青睐而争风吃醋。

妹妹流连在外的时间越来越长，门禁成了个笑话。

母亲不时向我报告妹妹的异状，我意兴阑珊地听着，一心只想着如何挂断电话。

我很满意自己的大学生活，不愿再分神去想家中的事。

大三升大四那年，我在一场比赛中获得很好的名次，成绩公布后不久，母亲打电话要我回老家一趟，说大舅要请我吃饭，为我庆祝。

席间的对话很愉快，小表妹是个开朗、甜美的小可爱，时常把大人逗得哈哈大笑。她是试管婴儿，夫妇俩将近四十岁才生下这个女儿，他们非常宝贝她。

聚餐进行到一半，舅舅指着我，低头跟小表妹说："你看，人家姐姐是念台湾最好的大学，去比赛又得到那么厉害的名次，哪像你啊，一听到读书哦，整张脸就皱成一团。"

小表妹拉着舅舅的手腕，发出甜腻的撒娇声："哎哟，不要一直说成绩的事啦，好烦哦。"

"都不晓得该怎么说她了。"舅妈苦笑道，可她的眼中是满满的宠溺。

"没关系啦，成绩不是最重要的，让小孩开心成长也不错啊。”母亲顺势说道。

这时，一旁的妹妹发出一声嗤笑，声音大到众人想装作没听见都很难。

我的眼角余光瞄向父亲，父亲没说话，低头扒饭，筷子划得飞快。

母亲站起身来给小表妹舀汤，表情有些凝重。

为了化解尴尬，舅舅讲了一个笑话，我和父亲捧场地干笑了几声。

很不幸，妹妹不打算放过大家。

她把碗筷重重地往桌上一放，直视着母亲。

“你平常不是最喜欢说，谁家的小孩成绩那么烂，要我千万不能沦落到那种地步吗？现在，小表妹的成绩糟透了，你竟然没有意见，这不是你的真心话吧？”

众人停止了咀嚼。

“你给我闭嘴。”母亲气得双眼涨红。

妹妹的嘴角扯了扯：“我又没有说错，我说的是实话，是实话为什么我要闭嘴？如果我考出跟小表妹一样的成绩，你有办法接受吗？你一定觉得我的人生要完蛋了吧，怎么可能像现在这样云淡风轻地说‘成绩不是最重要的’？”

在那一刻，她的侧脸、她的轮廓、她挥舞双手的姿态，无懈可击地像极了我妈。

我有些忘了这顿晚餐是怎么结束的。

舅舅一家人可能吓得随便找了个借口，匆匆结账告辞了。

看着浑身是刺的妹妹，我既感到陌生，也很愧疚。

我跟父亲没两样，为了安抚母亲的情绪，情愿牺牲妹妹的权益。我常拜托妹妹识相一点，少花点时间在外表，多花些心力念书，尽早把排名拉到好看的数字，好让母亲开心一些。

另外一个更糟糕的心态是，我很庆幸妈妈把大部分注意力集中在妹妹身上，让我能喘口气，多做一些我喜欢的事情。

这场不欢而散的庆功宴，令我对于家庭的无力感更深了。

*

我要去国外读书的那一天，发生了一件很特别的事。

虽说是下午的班机，但我六点多便起床了，环视着自己的书房，回想起这十几年来的点点滴滴。

我在书桌上找到一个信封，里头是一本日历和几张母亲的信。信中母亲写着，我在国外的日子里，应该常常写信给她，并在日历上注记我寄信的日子和寄信当下的心境；同样，她也会在自己那本日历上注记收到信的日子和读信当下的心境。信末，母亲说，待我回国的那天，可以一起玩味这几年来我们母女俩互动的足迹。

我的心为之一沉，浓烈的厌恶感如潮水般一波接一波涌起。

好不容易可以拉开我们的距离，母亲照样可以想出方法来提醒我她庞大、不容忽视的存在。

母亲走进房间，看见我手上握着那封信，绽开微笑。

“如何？这个点子很有趣吧？”

这句话把我拉回了童年。

母亲总是希望我可以读更多书，做更多习题。

为了降低我排斥的可能，她会尝试用比较诙谐的方式去激励我的学习意愿。

以英文为例。

背十个单词，并且尝试把它们组织成一篇文章。

想象自己要取悦一位外国贵宾，必须翻译一则笑话。

用英文玩故事接龙。

之后，母亲总是这么说：“如何，这个点子很有趣吧？”

这样的学习手法固然有趣，但在小孩已经做了很冗长的练习之后，再怎么好玩的游戏也会索然无味，小孩的玩心尽失，只想躺平休息。

母亲没有注意到这一点，仍乐此不疲地设计“她认为有趣”的游戏，为了不让她失望，我会强打起精神，假装这一切很好玩，到了青少年时期，我的演技已炉火纯青到足以角逐奥斯卡了。

我回到现实，告诉自己，我已经二十三岁了，不用再忍耐了。我听见自己的声音冷硬且疏离：“这很没趣、很无聊，我不想参与。你别想再控制我了。”

那一瞬间，母亲的容颜枯萎了。血色飞快地自她的脸上褪去，她僵硬地点了点头，安静地转身离开房间，过程中没有说一句话。她没有因袭过往的模式：哭闹，歇斯底里，编派我的过错，膨胀自己对这个家庭的贡献……她没有，只是离开这个舞台，她的背影看起来是多么孤寂。当她停止大吼、停止用戏剧化的技巧去铺陈她的痛苦时，我反而看到母亲最真实的一面：她很寂寞，她希望我们多重视、多亲近她一些。

我的母亲，将家庭视为她的成果，将两个小孩放在自己生命最亮眼的中心，她泰半的时间与精力，都花在我与妹妹身上，希望我和妹妹成为成功人士，对社会有所贡献。

在这样巨大的善意之下，悲剧很容易随之诞生。

首先，母亲忘掉了她也是个妻子、是个同事、是社会上的一员，甚至是她身为“自己”的身份，她太执着于扮演好“母亲”这个角色，在这个关系中，跟她对话的演员只有我和妹妹。只要我和妹妹的反馈稍微不符合母亲的期待，她的情绪就会低落，然后把这份失望转移到我们身上，我和妹妹的日子好坏完全取决于她个人的阴晴悲喜。

其次，母亲对于“成功”的认知太狭隘了，她定义中的成功，就是在学术上、职业上取得稳定、可供辨识的成就。至于美感、人与人之间的情感、生活中那些琐碎而美好的小事，母亲觉得这些都是次要的，花太多时间就是浪费生命。我幸运一点，一个侧身，侥幸穿过了这么狭隘的缝隙，妹妹惨一些，她跟母亲的标准格格不入，自信心近乎全毁。

母亲在教育女儿的过程中，带给我和妹妹不可计量的伤害，但都无法磨灭一个事实：她很想要把我们给“教好”，她比任何人都热衷做母亲，读了很多亲子教育相关的书，也不吝啬去请教他人。有一点毋庸置疑，她确实是爱着我和妹妹的。

只是她不知道该怎么爱我们——这两个出自她，但又和她不同的生命。

绕了这么大一个弯，可以用不同的观点看我的母亲，经年以来困住我的牢笼应声而开，终于有光透进来，仿佛听到有谁在说：“从今天起，你自由了。”

怀抱着仇恨是很累人的，尤其对方是生你的人，这一切将更加磨人。

*

如今，外人看我的眼光仍然满溢着歆羡与崇拜。他们看不见这个家庭底下的暗流，只看见光华灿美的表象。在我和母亲共同出席的场合，有时是母亲，有时是知情的亲戚，总是有意无意地提起我的成就、我获得的奖项以及我申请国外大学的辉煌成果，观众的双眼于是发亮，向我母亲进一步请益她的教育方式。母亲也会满面春风，大方分享她的心得。

“每天给她算十到十五道的数学题。”

“一早起来，精神最好的时候，听三十分钟的英文广播很有用！”

“必须尊重小孩子的意愿，然后把题目设计得很好玩。”

我曾经仔细观察那些家长专注聆听的容颜，想到一段过去。祖父罹患癌症时，举家上下掀起一波“抗癌”的热潮，只要听到哪里有抗癌成功的例子，全家就不计远近地跑去取经，毫无筛选地把对方的想法照单全收。那几个月，家中堆着厚薄不一的养生食谱，分别由自称“抗癌成功”的不同人士所提供。祖父逝世后几个月，我私底下拿这些食谱请教医生，医生看了几眼，没说话，只是摇了摇头，叹了口气。大概想说祖父都走了，多说什么也是枉然。

我在那些家长的脸上，看见似曾相识的神情，感到不可思议。他们真的相信在生活中安插进一两个“优良读书习惯”后，小孩的成绩就能突飞猛进吗？在实施这些方法时，他们考虑过这个小孩的个性、天赋吗？最重要的是，他们把小孩的主张纳入考量了吗？

一如我偷偷想过，祖父被喂食那些单调、无味的养生餐时，他快乐吗？很多时候，我们意识不到我们究竟是在讨论一个人，还是一种疾病、一种教育形式。我到今天还是无法厘清，祖父的身体到底是被癌细胞给吞噬了，还是被之后数不尽的治疗偏方给淹没了。教育亦然，真正打击到小孩的，是成绩本身，还是家长们看待小孩成绩的评价与目光？

我妈不坏，她相信每个小孩子都有其潜质，家长的工作是开发这种潜质，好让其发挥到最佳。但她没想过开发过度的后果：小孩自主学习的乐趣被剥夺了。

之前，我提过了，母亲很不乐见虎妈的教育风格，她想成为开明的父母，给小孩子发言的机会，注重孩子的情绪。这是她的说法。我长大一点后也发现了，母亲是给了我们发言的机会，但纳入参考的概率很低；她重视我们的情绪，但更要求我们重视她的情绪。

直至今日，她仍认为她是民主、开明的母亲，她仍相信我的成就来自她的教育方式，但我们不谈妹妹，妹妹是她至今解不开的一道难题。

我不禁想，我们服膺一套教育方法，往往是因为这套方法教出了一个“成功”的小孩，坦白说，这样的想法其实很空洞。把小孩好的、坏的打包成一团，再归因于“父母的管教”，不仅忽略了其个人特质，也忘了把他所处的环境纳入考量。一样的教育方法，可能打造出一个世俗眼中的成功模范，也可能将一个小孩的天赋摧残殆尽。只是这些小孩的故事没人关心，人们不喜欢失败的例子，只想倾听教育神话。

妹妹到现在仍是个偏激且愤世嫉俗的人，她很抗拒“教育”这件事。

她的成绩不差，只是母亲给她的挫折感太强了，她不得不放弃读书，转向外界寻求成就感。

小孩不是满足家长欲望、想象的容器，或者载体。

小孩也不是黏土，任由家长恣意妄为地往自己喜爱的方向捏来揉去。

矫情一点说吧，小孩子有自己的生命，他们属于自己，不是家长或任何人的所有物。

这是我在亲子关系这门学问中，挣扎了二十几年的一点心得。

*

我知道，各位读者在等候一个我与母亲和解的大圆满结局。

这也是我过去好几年试图营造的结果，我常在期待，有一天，我可以彻底忘掉母亲带给我的诸多伤害，以及她是如何造就我性格中的黑暗面，真希望我能够再次拥抱她。

我发现这很难。

与母亲相处时，我还是会下意识地全身僵硬，戒慎地观察她的一举一动，猜测她之后可能要说的话，并且在心里做好防范。我很少回家，一旦站在家门口，就需要花一段时间克制掉头离去的冲动。在她面前，我永远是个自卑、生怕无法取悦她的小女孩。

我很幸运，在感情上，拥有一位交往多年的伴侣。

我的伴侣非常有耐心，他花了很长时间去梳理我性格中的缺陷，也很能理解我母亲的教育方式对我的性格造成的冲击。每次，我因为母亲的指责陷入自卑时，他会温柔地劝哄我，给我赞美，让我从黑暗中走出来。宛如施展神奇的魔法，不管怎样，他都可以找到我内心那个来不及长大的小女孩，给她安慰，告诉她："你是个好孩子。"

他想要小孩，可是我很害怕。

我跟他坦承心中的畏惧，我很担心自己复制出一模一样的悲剧。我幻想过不下几十次，有朝一日，我的小孩站在我面前，口中吐出："你的控制欲真是太恐怖了。"

单是想象这个场景，我就窘迫得无法呼吸。

母亲造成的伤害实在太深刻了。

我跟母亲试图和解了无数次，但好光景维持不了太久，在亲密且频繁地接触一阵子后，我们会分别忆起一些过往不愉快的场景，疙瘩又全数长了回来，我们再次变得疏离。

这样和解、疏离的反复过程很煎熬，也很讽刺，越是急着修补，就越可能制造新的伤害。

和母亲将近第一百次的和解失败时，我决定宽恕自己，和解或许可行，但不是现在。

我很有可能一辈子都忘不了自己急着讨好母亲的卑微心境、母亲扔掷在我身上的否定言语、那些无以名状的愤怒与情绪、母亲带给我的种种创伤，那些诸如此类的事情。

但我还是可以隔着一段距离，关怀我的母亲，并许愿她一切都好。

这就够了。终究我们不是在演戏，这是人生。

后记 莫失莫忘

有没有一个可能，是我们的社会把“亲”与“子”绑得太紧了？

在怪兽家长的背后，不过是站着一个胆怯的、害怕犯错的人啊。

这篇并不存在于原先设定的大纲中，然而，许多友人看完草稿，一致的回应是：你该着手写你自己了。其中一位朋友的说法很美：“你必须跟你教过的小孩一起站在舞台上，这是对他们的交代，也是一种公平，因为你们一起站在舞台上。”这句话深深打动了我。

要说我的故事，得先从我的母亲说起，否则这个故事就是残缺的。

我的母亲，生于澎湖一个家徒四壁的渔夫之家，她是七个小孩中的长女。“七个小孩”“长女”，基本上这两个关键词已充分交代了她之后的命运：她得为这个家牺牲奉献。母亲的父亲，我的外公，是一位典型的渔夫，成天与变幻莫测的海浪争斗。渔村中很常听到一句话："谁昨天去捕鱼，再也没有回来。"母亲说过，外公每一次补破网，同时也在补他的勇气。至于不下海也不补破网的日子，外公则纵情于酒国——一个没有海浪、没有生死的国度。

母亲的学习能力极强，即使因为家境困厄而颠沛流离，她还是在前后换了三所学校之际，稳定维持第一名。她小学毕业之时，老师亲自前往祖父家为母亲说情，请外公让她继续升学。外公告诉那位天真的老师："她是长女，她得出去工作赚钱。"躲在门后的母亲听了，无声地掉下眼泪，拔腿奔去家附近的小坡大吼。回家时，她面无表情，认了身为长女的责任。

第一份工作在罐头加工厂，里头冷气很强，母亲被冻得发育不良，快十七岁了才来初经。工作几个月，母亲偷偷报名夜校，拜托同事代班，摸黑去上课。没上几堂课，被外公发现了，责怪母亲不认真工作，把母亲痛打一顿。母亲自此断了读书的念头，卖命工作。

十五岁那年，母亲独自来高雄工作，一口澎湖腔让她饱尝不友善的对待，母亲不介意，白日赚钱，夜晚拜托一个友人教她说台湾话。几年下来，母亲把澎湖老家的人，一个接一个牵来台湾本岛，在她能说出一口漂亮且"正确"的台湾话后，母亲开始习字。每天，结束八九个小时的工作后，用餐、盥洗完毕，母亲就着微弱的烛光，拿起报纸，左边摆着一本辞典，一个字一个字开始认，并在报纸余白处写满她新习得的字。

现在，母亲的识字能力非常强，完全是受过高等教育的水平。

为了原生家庭，母亲不停地工作，直到年岁大了，才仓促嫁给了父亲——一个完全不适合走入婚姻的人。这也是我多年来的感悟，有些人就是不适合走入婚姻，或者为人父母。但在二三十年前，一般人不会想得这么远，他们觉得只要孩子生下来，把孩子带来人世间的男女自然能胜任父母的角色，这实在是很天真的幻想。

母亲在怀我的十个月中，已差不多做足了为人母亲的心理准备；而我的父亲，他或许直至今日仍未意识到身为父亲的重量。在我的记忆中，父亲爱我像爱一个玩具，兴致一来就抓过去说几句话，兴致走了便径自逍遥去，把我搁在后头。我升小学四年级那年，有一回父亲结束午睡，他那天心情不错，叫我过去陪他聊天。第一句话就问我："你现在在二年级几班啊？"我瞪大眼，像有一枚锤子掉入心的最深处，我没好气地告诉他："我升四年级了。"

父亲之所以生子，纯粹是出于社会的规范，一个男子到了三十岁理应有个孩子，于是有了我与弟弟。可是他始终没有想过，"父亲"两个字不过是个骨架，要想方设法填入血肉，甚至赋予精魄，这个角色才能活过来。是以，父亲之于我的人生，存在，但也不存在。他虽到场，可是永远不参与讨论，只是双手抱胸，悠闲地等着母亲把我们加工成干净懂事的小孩，唯有如此，他方有可能跟我们说上一段话，共度一段时光。

母亲说，父亲是“成了婚的单身贵族”，这个譬喻很好。

*

母亲活像个单亲妈妈，一人经手我与弟弟的大小杂事。难能可贵的是，她做得非常理想。

母亲的童年很短，教育又匮乏，成婚之后，她不用汲汲营营于挣钱，一有余裕，就带两个儿女去书店转转。母亲会先挑一本书，凝神读起来，她一陷进去，那就完了，至少三十分钟起跳，我和弟弟只得在茫茫书海中，拣选一两个可以共度半小时的对象。

我和弟弟一开始挑的是图画书，文字很少，图片很多，两个三四岁的小孩一起看，一起天马行空地讨论。母亲有时会放下手上的书，走过来为我们念上一段，念的时候她的指尖会跟着字走。一个字出现了五次、十次、更多次，有一天你发现自己懂它了。母亲很少停在一个字上，严肃地告诉我们：这个字是“小”，那个字是“大”。没有，她只是为我们讲故事，没有强迫，也不计较我们今天学了什么，她只是为我们讲一些有趣的故事。

偶尔读到一半，书店要打烊了，我和弟弟就央求母亲让我们买下手上正在阅读的书。母亲的魔法便开始了，她会把那本书接过去，用一种鉴赏珍品的眼光细心打量，沉吟半晌，很正经地问我们：“你们很确定，要带这本书回家？”待我和弟弟点头，她会不厌其烦地再问一次：“你们非常确定，带这本书回家，你们真的会读？”这时，我和弟弟多少会面露犹豫，把那本书取过来，模仿母亲，以鉴赏珍品的心态细心打量。有时我们会放弃，说这本书没那么重要，有时我们会坚持到底，请母亲买下这本书。母亲结账后，会慎重地把那本书交付给我们，同时告诉我们：“知识是很宝贵的。”我们接过那本书，仿佛打了一场胜仗，书是我们的战利品。

这是我自幼误打误撞习得的深刻道理：知识是很宝贵的。

母亲无心插柳地培养了我和弟弟的阅读能力，她想读书，想学字，她把我和弟弟牵到书店去。她捧书细读的姿态是如此优雅。小孩有个阶段喜欢模仿大人，我和弟弟极想模仿母亲阅读的优雅。那时，没有谁在乎阅读对于我们的人生有多少帮助。母亲拜访书店的次数很频繁，我和弟弟捧的书日益增厚。

很多年后，我听到“身教”这个词，对母亲的作为恍然大悟。

*

我升上小学一年级，一年级的语文对我而言有些太容易。一日，老师把五年级的语文课本忘在讲台上，要我拿到她的休息室。我边走边读了起来，走到老师面前舍不得放手，老师很惊异，要我念给她听。我念了一小段，有几个字不认识，我跳过去，算是念完了。

当晚，老师打电话给母亲，问母亲有没有栽培我日后参加跳级考试的心意，母亲很委婉地拒绝了。这通电话的存在，我到高中才知道，知情的当下很埋怨母亲，怎么不让我跳级？这样我的升学进程会比一般人快。母亲骂我："童年已经很短了，只有笨蛋才急着快跳。"

这是母亲心底的痛处，她的求学时光太短了，小学六年不足以消化她满脑子的求知欲。

对于才艺，母亲的见解也很独树一帜，她问我："对音乐有兴趣吗？"我摇头。"对资优数学有兴趣吗？"我又摇头。母亲问我："对什么有兴趣？"我说："画画。"母亲把我送去学画画，上课前我往往很期待。绘画没有成为我的专长，倒是成了我纾压的管道。

母亲从不因成绩而赞美我，倒是常常因为我的日常行止而把我痛揍一顿。我上小学时是个脾气乖张、跋扈的小孩，老是欺侮老师和同侪，母亲时常为此处罚我，她很生气地告诉我："一个人成绩好但品行恶劣，是一件很糟糕的事情。大脑有东西的人，做起坏事来会更可恶。"

每一次我带回考卷，母亲看也不看上头的分数，只问我：

“里面的概念你都厘清了吗？”我点头，考得再糟她也处之泰然，我若犹豫半晌，再好的成绩她也不高兴。她认为，考试的意义在于检验你的学习情况，考好考坏都是珍贵的信息，目的是要我们清楚自己的知与不知。母亲也不逼我们写多余的习题。她很明白，逼急了我们就会抄答案，这不仅浪费了出题者的苦心，也是浪费我们的时间。

在此，容我说两个插曲。我初三念重点班，一晚我念得睡着了，醒来时理化作业尚未完成，到了学校，心中很挣扎，要不要抄邻座同学的答案，想到母亲的话，我又不敢。老师看我题目没写完，数我少写了五个大题，狠打了我五个大板。返家时，左手疼痛肿胀——这是重点班的潜规则，不打右手，右手是要写题目的。母亲看到我发紫的左手，很难过，问我缘由，我据实以告，母亲一时间也乱了分寸，叹了一口气，难过得挑不到话说，我猜她心中有些埋怨重点班的作风，但她最后选择不说。

我读高中时，又发生了一模一样的事情，我又念到睡着了，醒来时数学考卷尚未订正好，我硬着头皮去跟数学老师商量，再宽限一天。我告诉她：“你要我早交，我只能抄。但我尊重你的题目，我不想抄。”数学老师答应了我，我以为这件事就这么过了。

六七年后，我和这位数学老师联络上，她告诉我，我们那次的“商量”，对她的教学生涯影响重大。这是她在明星高中任教的第一年，心中忐忑。她起初很挣扎，怕给我开了一道方便门，会对其他同学有失公允，好在我只迟交过这么一次。

不过，我的前例令她反思了一下制定规矩的意义，到底是要学生达成“定期交作业”的目标呢，还是要参酌一下学生各个不同的状态？闻言，我很难为情，想不到我的要求原来造成老师如此大的心理负担；我也很感激，教育说穿了就是两个人之间的事，一个班级四十几个人，这么悬殊的师生比之中，那位老师努力做到了这点，某个瞬间，教育成了我们两个人之间的事。

这并不容易。

在“她是老师，我是学生”的架构之下，她跨越了这条界线，化作学生，化作我，理解我的出发点，又回去站在老师的立场上，允许了我的决定。许多老师认为此举是降低格调，我倒觉得这样的举动升华了教育的本质，我很感谢数学老师的坦白。

*

母亲特殊的一点，在于她对“玩乐”“放松”很重视。我初二、初三喜欢打一款战略游戏《星海争霸》，一天玩一到两个小时不等。久违的父亲再次出场，他砸烂我的键盘，转头和母亲大吵一架，怪她纵容小孩：“瞧，现在她不再是前十名了。”

母亲立场不变，她告诉父亲：“在学校上了整天的课，回家放松一个小时能有多坏？”

不过，她事后跟我约法三章：“你可以玩计算机，我不阻挠你，只要完成学习就可以玩。你打游戏时千万要尽兴，可是你读书时一定要专心，不要再想游戏的事情。”

台湾家长普遍有个不安，觉得自己的小孩玩太多了，坐在书桌边的时间太短了。他们鼓励小孩读书，不鼓励读书以外的事项。造成的后果是：小孩读书的时候想着玩，是以书读得七零八落，等到该玩的时候，又想起未完成的作业、未备妥的考试，玩起来又充满罪恶感。

我只要观察到学生的读书计划安排得太紧张，就会鼓励他们插入一些休闲娱乐。学生们起初很质疑，他们觉得要读好书，就得延长坐在书桌前的时间，哪有缩短的道理。在我的坚持下，他们半信半疑地进行短程的出走，做什么都好，总之就是离开书桌，给自己半天的假。回来的时候，他们神清气爽，念起书来特别甘愿。

平衡“玩”与“读书”的界限很难，很多家长不愿做这课题，就想了一个很取巧的方式：尽量压缩小孩玩乐的时间。

*

在母亲强调自由、尊重的方针之下，我的求学之路非常顺遂，在没有补习的情况下，考上了很好的高中，三年后又考出很漂亮的成绩。可惜的是，我考大学的成绩太理想了，母亲第一次放弃了她的原则，干预我的选择。她不要我填外文系，要我填法律系。我们家因为不谙法律吃过亏，我的母亲第一次，把她对于未知事物的恐惧以及对于某些职业的幻想，投射在我身上，这成了我们亲子关系最大的伤口。

我认真读书就是为了进外文系，没想到却进了法律系。第一年进去，我就后悔了。我读得很痛苦，众多专有名词，众多来自不同国度的衡量标准，我完全被挡在个案之外，不得其门而入。

每一次上完课，回到宿舍，我坐在椅子上，眼前一片灰暗。我的法科成绩不坏，但叫我读法律书籍很痛苦；与此形成对比的是，我的选修科目，诸如历史、女性主义、西洋文学与艺术，等等，读起来很愉快，成绩的反馈亦很可观。

我跟母亲说："这场比赛，在我奋力跑到终点时，才发现尽头一片荒芜。"

母亲很懊悔，不停地表示，倘若时光倒流，她绝不干预我的决定。

我跟母亲之间有个裂缝，"法律系"这三个字成了咒语，不能在我面前提起。

大学毕业后，我做出一个决定：我不要参与律师考试。我对这个职业没有归属感，黑白袍子里头没有我的尺寸。在做出这个决定之后，当下最直观的念头是：我的人生毁了，一百多个学分泡汤了。我注定要被人瞧不起了。

念法律系又不参加司法考试，在这圈子内，不是太光彩。

*

我在高中即有担任家教的经验，这几年下来，或许运气好，手上的工作没断过，学生一个接一个，不同的学生来自不同的家庭，每个家庭背后有不同的故事。随手拿一个案例来说，这案例很有趣，我没写出来。那个学生每堂课都巴着我，要我听他千疮百孔的求学经历，以及他多么喜欢音乐。下课后，他把我拉到钢琴面前，要我听他弹钢琴，我的音乐素养不太足，辨认不出他的技巧好坏，但我听得出来他与钢琴所创造出来的空间，是很和谐的。

第十堂课，我在地铁上，突然惊觉这一切太不对劲了。我步出地铁站，往学生家走。学生已在房间等我，我走进客厅，跟他的母亲说："阿姨，对不起，我不能教了。我认为把音乐学好，是他的真正需要，他也可以做得很好的。"

那位母亲很镇定，没有停顿太久，她开口说："我早知道该送他去学音乐，可是我还是想试试他学普通科的可能，你才来几次，就可以告诉我这些，可见事情真的很明显，我会去说服我丈夫的。"之后，她进房去找学生，母子俩很慎重地跟我说再见。

我忘不了那位母亲的反应，她在说话时，我清楚地感受到她对儿子的爱意。那个学生是独子，父亲经商，学生说过，父亲希望他读商科，做个商人。

对于大部分的案例，我不能理解这些家长为什么要如此对待自己的小孩，在前几个案例中，我认定这些家长很“奇怪”，随着我的学生人数增多，见识到越来越多光怪陆离的景象，我才转头认定是我的母亲很“异常”，她让我以为，小孩被视为独立个体是理所当然的事，但在我所生长的这块土地上，常情并不是这样子的，家长们更倾向把孩子视为所有物。

我突然很好奇，什么是教育的本质？我对这有了兴趣。

在大学担任家教，多半是打工性质，遇到跟学生、家长三方之间的冲突时，我不会积极去处理，有几次索性辞职了事。在思索“不考司法考试的下一步”这段空窗期，我决定先回去做我擅长的事：家教。从兼职转为专职，心境上转变很大。这三年，除了教法的改进，我花了更多心力观察冲突的形成与发生、记录我与学生的对话、检讨与家长沟通的措辞，等等。

更多时候，我了解到自己的无能为力。

很多人问我：“你教过这么多学生，为什么挑这些学生写故事？”

我想，他们各自代表了一种“典型”。

例如巧艺，她让我看见同侪之间竞逐家境的心态，以及一对学历上吃过苦头的父母，梭哈自己的人生，只为子女换取一个“可能”更有前景的未来；譬如若娃，我为了她，翻找不少多动症的资料，想厘清他者急于撕除的标签，为什么成了若娃母亲的定心丸，这背后是怎样的生命经验；或者眼镜仔的母亲，或者茉莉，她们让我思索多重角色的冲突，在妻子、母亲甚至媳妇的折冲之中，她们最终为了取得什么而舍掉了什么，又是为什么。

我对茉莉印象尤其深刻。明玉不是个擅长爱人的母亲，明玉自己在原生家庭中受到的创伤，或多或少借着女儿茉莉的人生还魂了，茉莉却没有让这样的创伤在女儿小叶身上重演，她走出了一条新路。我们常说，父母对小孩的爱是与生俱来的，我不这样认为，至少在茉莉的例子上，我清楚地看见一个母亲，一步一步地学习爱自己的女儿。

还有我不太想提的蔡汉伟。蔡汉伟非常聪明，想法也很偏激，我认识他的头一个月，他动辄把“好想死”“我的父母是恶魔”挂在嘴边。我在他身上投注的心力远超过其他学生，想方设法消解他心中对父母长期累积的恨。我认为，他必须和他的父母和解，从仇恨中走出来，回归自己的人生，去正视他在学校这一社群的处境。在我努力朝这个方向行进的同一时刻，蔡汉伟的父母犹不肯放弃他们的理念：小孩是我的，我知道怎么做对他最好。两种想法一再碰撞，蔡汉伟最终的结局是我最不能承受的，他的父母花钱与人和解，他被送出去，问题没有得到解决，反而恶化了。

也或者是贾宝玉，我凝视他的痛苦长达半年。儿子喜欢男生，是贾宝玉的母亲所恐惧的。她是天生这么恐惧吗？倘若我们的社会能接受多元的爱与被爱的可能，她还会这么恐惧吗？

对于女友以及分手的真正原因，贾宝玉多是避重就轻，我也想过，在学姐心中，这段半年的感情，她有没有受到伤害？是谁令她受伤了？

*

在我的成长经历中，父亲是缺席的。我很期盼，有一天我进入一个家庭，在那个家庭里，父亲不只是经济上的角色，也是家庭教育的重要一环。我很想书写一位父亲，知悉他的儿女，一如母亲知悉她的孩子。很遗憾的是，或许是华人的定位使然，我走入这么多个家庭，没有遇见一位这样的父亲。大部分的中生代父亲，仍把家庭教育视为母亲的专职。

我只能希冀，这样的父亲已经存在了，并且越来越多，有一天我会遇见的。

草稿出来后，许多人看了只问："那么，依你看来，父母的角色是什么？"

我思索良久，有一点浅见，或许就类似牛顿的宇宙观吧。牛顿认为世界好像一个钟表，师傅完成装配之后，上紧发条，钟表即开始自行走动，也就是说，上帝完成创造之后，即退居幕后，而人类可以凭借理性去发觉这世界的运行。

每一个小孩，或者该说每一个人，有其存在的独特性。有太多父母执意要小孩去临摹其他人的行为，复制类似的成功经验，去追求他们眼中的理想人生，圆满他们年轻时未竟的梦，甚至驱策小孩成为“第二个自己”。仿佛一个生命的诞生，是为了满足、成就另一个生命。

就小孩的立场来说，“为了达成某个目的，自己才被生下来”，也是很可悲的一件事。

先前，我向一位年纪略长的朋友诉苦，他不但没有安慰我，反而一针见血地指出：“选读法律系，与你母亲有关，但最关键的是你自己，当年可没人拿刀架在你的脖子上。你是有选择余地的，选择余地虽然不大，但你还是有选择余地的。可是你没有挣扎，你放弃了，为什么？答案很简单，我们都怕人生会出差错，但我们更怕人生出差错时，没人给我们担责任。大学要念四年，这么关键的决定，你让出来，让母亲来为你做决定，你让自己成为可怜的受害者，你之后的不顺遂、你的不满，可以全往你母亲的身上扔。你也怕选了外文系后，凡此种种都要自己扛了。”

家长经常问我一个问题：“小孩子不照我的心意填志愿，该怎么说服他？”

先前，我从不正面回应这个问题，怕答得不好得罪家长。如今，我有了一些勇气回答这个问题：“家长可以给意见，提供给小孩你的观点，与小孩讨论，但是，做出最终决定的人最好是小孩，这不是理想，更不是溺爱或纵容，而是一种事实，这是他的人生，他得学会肩负起做决定后所产生的责任。相反地，你若执意替他做决定，这在某种程度上也是一种溺爱，因为他始终学不会如何掌理自己的人生。今日发生车祸，我们绝对先找握方向盘的人而不是车主。这是他的人生，你却紧握着方向盘，日后出事了，他会说：‘找我父母吧，你不该找我。’”

*

此时我二十五岁，距离大学毕业已有三年，走入这么多家庭，像是旅行，沿途有不同的人文风景，也得到一些思想上的养料。随着这本书的尘埃落定，我又回头去想我的求学路，以及一个比较敏感的问题：我跟母亲的关系该怎么修复？

念法律系四年，我与母亲变得很疏离。太多恶意缠绕在我心头：“你到最后还是想控制我的人生啊。”“所有的开明、民主都是假的，你想过我辛苦读书考取高分，是为了让自己进入一个毫无兴趣的系吗？”

母亲道歉过好几次，我却置若罔闻。

在我梳理故事中的角色，思考每一位母亲背后的为难时，我也看见了母亲的缩影。母亲是爱我的，她要我念法律系，不是为了名声，我考上中女中、台大，她没有一次主动跟他人提起我的学校，这代表她生我养我，“名声”二字没有放上心头。母亲只是把她童年对于贫穷的畏惧，投射在我身上。世人告诉她，律师是赚钱的职业，她就要我往这个方向走，无非是怕我穷。可是，见到我念书时的挣扎，她也流着泪，诚挚地向我道歉。

我突然很想跟她忏悔。

母亲一职，她做得很好了，我抛诸她的怨言，有很大一部分是言重了。

*

写到尾声，终于可以来说说我对于家教此一职业的想法。我很感谢我的第一位学生，我们年纪只差两岁，她经历过的，我也才经历不久。每回我们课程结束，她会把我留下来，诉说她的心事，那些心事有的很轻，有的很重，有些是不好和父母讨论的。我起初很别扭，不懂聆听这些心事的必要，也害怕逾越了师生的分际。

许多前辈说我这样是不对的，老师要建立起权威，要“恩威并行”，要让学生“怕”你。我感到很纳闷，我们面对的是一个比我们更崭新的生命，他为何应该怕我？

我于是偷偷做实验，让自己与学生之间没有高低，没有尊卑。我听他们倾诉，一起感受生命的失落，有些问题很棘手，我也无法提供意见，但我会想办法让学生知道，他们不是一个人在应付这些问题。奇异的是，之后上课，他们会更认真地听我讲解，学生也在乎我，这成了一套互惠的模式，我们相互照顾彼此的心情，学生变得比从前更自动自发，成绩自然而然就好转了。

我一度迷失在这种“非典型”的互动方式里，感到不安，怕自己是在误人子弟。近来，我读到《慢疗》一书，作者维多利亚·史薇特（Victoria Sweet）是个医生，她在美国一家源自中世纪的医疗院所（也曾经是美国的最后一家救济院）中，学习到崭新的医疗方式，那就是，以“人性”款待病人。有个故事我很喜欢，作者描述一位护士长喜欢坐在病人的身边打毛衣。在医院评鉴时，这位护士长遭遇了很大的抨击，说她不务正业，利用上班时间从事个人嗜好。然而，评鉴人员没有注意到，这位护士长打的毛衣，最终是给病人穿的。作者提出一个很特别的观点，她认为，这种看似毫无效率的医疗行为，说不定是最有效的医疗行为。试想，在你遭逢极大的身心病痛时，有个人坐在你身边，安静地穿针引线，没有给你止痛药或抗生素，她只是坐在那里陪伴你，并且在几天后送给你一条小毛毯。我这才懂了，聆听学生的心事，这种行为看似毫无效率，其实也可能是最有效率的教育行为。教育未必得在全部时间里塞满学科知识，一定也有其他值得言说的，例如学生自己的事。

我观察了好几年，发现在学生“无心读书”的背后，实则藏着很多心事，可能是在学校被欺负了，跟挚友闹翻了，或者觉得老师对自己不太友善，等等。他们不敢提出来，怕被说是借口。

对孩子而言，是三角函数、古文三十篇或虚拟语气的语法重要，还是明天去学校可能又要因为身材被嘲笑这件事重要？

两小时的课，我会超时至少十五分钟，这十五分钟是留给学生的。我会让他们说一下近况，大事小事不限。这十五分钟，我不是老师，他们不是学生。他们说，我认真听，他们若不想说，我也不勉强，但后一种情形非常罕见。每个人，都在等待谁来倾听。唯有他的言论得到倾听、得到尊重，我们才得以反过来要求他也倾听我们，尊重我们的言论。

这不只在谈教与学，也适用于其他人与人之间的关系。

*

家庭是社会的基本单位，门关上之后，在旁人看不到的空间之中，家庭成员要怎么相待，会影响到这些成员的思维，门一打开，这些成员走了出去，也可能以类似的逻辑与社会上其他成员互动，之后他们又各自与其他成员互动……环环相扣，有如核分裂一般，最终产生极大的能量。

可是，问题不仅在于父母，写下这些故事，不是为了抨击父母的是非，或者把所有乱象打包成一团归因在父母身上。在我与家长接触的经验中，很多时候可以看见他们的无助，他们被众多舆论干扰到无法做出决定，四面八方的压力在敦促他们成为“更积极”的父母。

今日，多一道声音鼓励父母教养出成功完美的小孩，就有一对父母可能走上压迫自己小孩的道路；多一则新闻把小孩的成败完全归于父母教养的好坏，同时也可能诞生一个以极端方式管控子女的家长。我们常言，小孩是独立的个体，有时，我会想，反过来，父母可以说自己是独立的个体吗？有没有一个可能，是我们的社会把“亲”与“子”绑得太紧了？在怪兽家长的背后，不过是站着一个胆怯的、害怕犯错的人啊。

这些故事之所以存在，是期待我们去凝视一个初衷，静下来，好好想想，把小孩带到这世界上的初衷。如《一脉不相承》中的茉莉所言，事情的最初，我们要的只是孩子健康、快乐，最后我们的期待却无限制地扩张开来，于是伤害就无可避免，我们也失去了凝视孩子的初衷，曾经在某个时刻，我们光是触摸小孩柔软的掌心就满足不已。

我们可以不再复制这些伤害。

一位好友看完这些故事之后，语重心长地告诉我：“以前我想过，我一路走来拿这么高的学历，要是我的小孩不像我，不是很丢脸吗？现在，我只希望他快乐就好。”

这一反馈令我泪光闪闪，不骗你。

图书在版编目（CIP）数据

你的孩子不是你的孩子 / 吴晓乐著 . -- 北京：中国友谊出版公司，2019.6（2021.7 重印）

ISBN 978-7-5057-4688-6

Ⅰ . ①你… Ⅱ . ①吴… Ⅲ . ①家庭教育 Ⅳ . ① G78

中国版本图书馆 CIP 数据核字（2019）第 069687 号

著作权合同登记号　图字：01-2019-2427

书名　**你的孩子不是你的孩子**

作者　吴晓乐

出版　中国友谊出版公司

发行　中国友谊出版公司

经销　新华书店

印刷　天津旭丰源印刷有限公司

规格　880×1230 毫米　32 开

　　　　9.75 印张　182 千字

版次　2019 年 10 月第 1 版

印次　2021 年 7 月第 9 次印刷

书号　ISBN 978-7-5057-4688-6

定价　49.80 元

地址　北京市朝阳区西坝河南里 17 号楼

邮编　100028

电话　（010）64678009

如发现图书质量问题，可联系调换。质量投诉电话：010-82069336